智慧景区数字黄龙平台建设及生物多样性数据库构建

张文君　祁　玲　董　立
王卫红　武锋强　彭启轩　著

科学出版社

北　京

内 容 简 介

本书着力于当下智慧旅游景区的热点问题，以智慧景区数字黄龙平台建设为实际案例，详细论述地理信息及遥感技术的发展情况、黄龙自然保护区自然地理及经济社会状况，并在此基础上对黄龙自然保护区进行生物多样性保护研究和生物多样性数据库构建，结合ArcGIS技术开发"数字黄龙平台信息管理系统"。"数字黄龙平台信息管理系统"建设及生物多样性数据库构建项目的实施对黄龙景区的信息化建设具有重要的应用价值，为黄龙景区提供统一的基础空间定位平台，为"智慧黄龙"建设奠定坚实的基础。

本书适于从事智慧景区管理、地理信息系统开发的科研与管理人员，以及攻读地理学科、测绘学科的博士、硕士研究生和本科生等相关人员阅读。

图书在版编目(CIP)数据

智慧景区数字黄龙平台建设及生物多样性数据库构建/张文君等著.
— 北京：科学出版社，2017.10
ISBN 978-7-03-053841-3

Ⅰ. ①智… Ⅱ. ①张… Ⅲ. ①风景区-信息化建设-研究-松潘县
Ⅳ. ①F592.771.4

中国版本图书馆 CIP 数据核字（2017）第 146584 号

责任编辑：张　展　华宗琪 / 责任校对：陈会迎
责任印制：罗　科 / 封面设计：墨创文化

科学出版社 出版

北京东黄城根北街16号
邮政编码：100717
http://www.sciencep.com

四川煤田地质制图印刷厂印刷

科学出版社发行　各地新华书店经销

*

2017 年 10 月第　一　版　　　开本：B5（720×1000）
2017 年 10 月第一次印刷　　　印张：6 1/2
字数：120 千字

定价：49.00 元

（如有印装质量问题，我社负责调换）

前　言

步入 21 世纪之后，人们的生活水平得到很大提高，旅游业也迎来了飞跃式的发展，各项旅游设施不断完善，旅游景区的规模及质量不断提高，极大地丰富了人们的精神生活。但同时中国各大景区受信息技术发展的影响，景区的信息化管理和集成化水平高度还不够，在"十一"黄金周及各大法定节假日时仍面临巨大的管理及生态负载压力。如何科学高效地管理景区，实现人与自然和谐发展的低碳智能运营景区，有效保护生态环境，为游客提供更优质高效的服务，成为中国景区旅游品质急需提升的热点，对提升中国旅游业的国际影响力有巨大的促进作用。

本书着力于当下智慧旅游景区的热点问题，以智慧景区数字黄龙平台建设为实际案例，结合"3S"① 技术及数据库技术，对黄龙保护区进行了生物多样性保护研究和生物多样性数据库的构建，数字黄龙平台建设及生物多样性数据库构建项目的实施对黄龙景区的信息化建设具有重要的应用价值，为黄龙景区提供了统一的基础空间定位平台，为"数字黄龙"建设奠定了坚实的基础。

"数字黄龙平台建设及生物多样性数据库构建"项目充分借鉴和吸收了当前国内外最新的 GIS 技术，采用了 GIS 组件 Arc Engine 及 Visual C♯. NET 开发模式，以数据引擎方式实现了空间数据和属性数据在关系型数据库中的一体化存储。另外，在可视化开发及遥感三维模型动态演示等方面都做了很多实用工作，这些都提升了系统的先进性。在多项关键技术方面有实用化开发成果和特色，总体上达到了国内先进水平，具有很大的推广性。

参与本书成果整理及编写人员如下：第 1 章、第 6 章由张文君（西南科技大学）、武锋强（西南科技大学）、王娟（成都市风景园林规划设计院）编写，第 2 章由西南科技大学王卫红、夏清、杨国强、杨鑫春编写，第 3 章由黄龙国家级风景名胜区管理局祁玲、李为仁、安德军、田长宝、唐淑编写，第 4 章由黄龙国家级风景名胜区管理局董立、彭启轩、周听鸿、张清明编写，第 5 章由西南科技大学肖荣健、李忠香、宋怀庆编写，第 7 章由西南科技大学武锋强、张飞、杨田，以及西南交通大学蔡嘉伦编写。初稿完成后，张文君教授对全书个别内容进行了出版前必要的修改完善，全书由张文君和董立统稿。本书在编写过程中，得到了各

---

① 即 RS、GIS、GPS。RS：remote sensing，遥感。GIS：geographical information system，地理信息系统。GPS：global positioning system，全球定位系统。

作者所在学校及单位同事、研究生的支持协助，他们对书稿做了很多具体工作，在此一并表示感谢。

由于现代信息技术的飞速发展，各项新技术、新方案不断涌现，加之作者水平有限，书中有些地方尚不能反映当前智慧景区建设的最新成就，内容和体系尚存不妥之处，敬请读者批评指正。

2017 年 1 月 20 日

目　　录

第 1 章　数字景区与智慧旅游

随着改革开放后中国经济水平和国民生活品质的快速提高，中国的旅游业也有了很大的发展，各项旅游设施及条件不断改善，在实现景点数量增长的同时，也提高了旅游景区的规模和质量。进入 21 世纪，信息技术迎来了快速发展，旅游信息化程度也不断提高，实现信息管理高度集成化、智能化已经成为旅游景区管理的重要发展趋势。与此同时，景区的信息化建设水平直接影响到其管理水平与综合实力，景区信息化也对提升中国旅游业的影响力具有重要的促进作用。

1.1　数字景区的概念及内涵

景区数字化建设是旅游区在其组织结构、经营方法、服务方式及管理流程上的一个全面而深刻的变革，是现代化景区的一个重要发展方向。近年来，自驾游人等散客在景区游客出游中所占的比例越来越高，他们在制订旅游计划时，更愿意通过互联网来进行目的景区的相关旅游信息查询，更合理地安排游览流程和行程等。数字景区使更多的人能够了解景区的资源信息，预先在网上实现自己的数字旅游体验，从而做到先对目的景区有一个大致的认识。这样不仅缩小了景区与游客之间的距离，还能够让游客享受景区数字化带来的乐趣，也提升了实地出游时的旅游品质。

从概念上讲，数字景区一般包含两层含义：一是景区的数字化，将现代信息技术引入景区，并利用该技术开展景区的管理与维护，从而改变了景区现有的工作模式；二是管理的数字化，综合运用"3S"技术、海量存储技术、多媒体技术及虚拟现实技术(virtual reality，VR)等实现对景区基础设施、功能机制的自动采集、动态监测和管理，并为景区规划和建设提供决策支持服务，同时借助网络或其他信息传播途径对受众进行传播和宣传。

数字景区是信息时代数字技术背景下景区功能的强化再现、延伸和扩展。基于上述信息，数字景区可以定义为：以系统论、信息论、控制理论、管理学为理论指导，以计算机技术、"3S"技术、虚拟现实技术、网络技术为手段，通过整合景区相关信息资源并对其进行深度开发，为景区的生态环境保护、商业监督、行政管理、游客与社会服务等提供辅助决策功能的景区管理信息系统。

数字化是指将各种图形图像、音频视频等信息以计算机语言的形式表达出来，而信息化着重指人类社会和自然界等所产生的各种信息的收集、处理、存储、加工、使用和传播等。前者重在信息的表达，后者着重于信息的加工处理，信息化包含数字化，数字化服务于信息化。在景区数字化的基础上，构建景区数据库和空间信息管理平台，对数字景区的结构和功能进行改进，逐步向高度信息化的智慧景区转变。

旅游景区是一个独立的单元，具有固定的空间地域范围、吸引游客的景点和一定的资源基础、必要的旅游设施和专门的管理机构。数字景区具有临场性、自主性、超时空性、多元感受性、交互性、经济性和安全性等特点。数字景区与景区实体在存在基础、服务宗旨、社会性质等方面是相同的，但数字景区不能代替景区内游客的真实体验，故两者可以相互促进，共同提高景区内游客的游览体验。

1.2　我国数字景区发展现状

我国旅游景区信息化整体水平较低，各景区之间信息化发展水平差异明显，但总的来说各大景区正积极加快自身的信息化建设。根据各景区的信息化发展水平，我国各风景名胜区大体上可分为初级信息化景区、数字景区和智慧景区这三类。

1.2.1　初级信息化景区

目前，中国大多数中小景区正处于信息化建设初期，属于初级信息化景区。该范畴景区主要依托于计算机、局域网(local area network，LAN)、多媒体和互联网技术建立初步的自动化办公系统和景区门户网站。然而，由于信息化程度低、基础设施和配套设施落后，系统的维护和更新能力较差，景区软实力建设长期滞后。

1.2.2　数字景区

数字景区主要根据业务和管理的需要，基于"3S"技术和网络信息技术，进一步完善包括电子商务、票务门禁、财务办公、地理位置和信息服务等景区基础应用信息系统。2004年以来，我国已先后有24个风景名胜区作为试点单位建立数字景区，目前数字景区数量仍在持续快速增长。试点数字景区建设主要集中在规模较大、综合实力较强的国家级或省级风景名胜区、自然保护区等。

目前大部分已建成的数字景区广泛采用了多功能的全方位视频监控系统，实现了覆盖游览景点和游客密集区的实时监控，对于景区或保护区的森林火灾、水体环境污染等具有强有力的预防作用，加强了资源的保护工作，也有效保障了游客的安全。但由于我国数字景区建设起步较晚，目前较多景区仍存在各管理系统或业务信息系统间集成度不高、体系不清晰等问题，在景区的电子商务、智能化管理和文化传播等方面仍待进一步完善和提高。

1.2.3　智慧景区

智慧景区是在数字景区建设已取得的成果基础上，再通过融合互联网、物联网，结合"3S"技术、空间信息技术和虚拟现实等最新技术，实现对景区资源环境保护、基础设施建设、游人活动管理、灾害风险防治等方面的更全面、实时地感知和精细化管理与维护。

九寨沟在我国智慧景区建设中起步最早，取得较大的成功，其应用成果也具有行业先驱性和较强的推广性，国内其他各大景区也争相加快了智慧景区建设的步伐。2010 年九寨沟风景名胜区便完成了景区的数字化建设，并在"数字九寨"建设的基础上，首次提出建设智慧景区的理念，并于 2011 年先后成功举办了两届智慧景区论坛。九寨沟智慧景区建设工作中目前已建立并完成了景区视频巡航系统，实现了对景区游人和物品的实时跟踪与联动管理，开发了"景管通"手机管理系统，通过"景管通"，率先在全国范围内实现了景区的网格化管理。在九寨沟景区的带动下，相继出现了智慧泰山、智慧黄山、智慧武夷山及智慧颐和园等智慧景区建设。

智慧景区相较于数字景区，更加突出体现了智能水平升级，兼具软硬件实力和人文关怀等突出特点。就目前国内智慧景区建设水平来看，虽然其智能化水平和要求已经很高，但由于系统在自动识别、反馈和修复等功能特性上仍然存在短板和不完善，其距离真正意义上的智能化仍有差距，从一定程度上来讲，智慧景区只是更高水平的数字景区。

1.3　从数字景区到智慧旅游

目前，各方学者在对智慧旅游定义的解读中从不同的角度得出了多种不同的观点。有学者认为，智慧旅游实际上就是集合了云计算、物联网、空间信息技术等高新技术,在旅游资源上的一种整合与汇总。当然,将信息技术应用于旅游业中,在技术层面引用的同时,更专注于信息的融合和渗透,以最大化地满足客户的需求。

　　智慧旅游是一种新兴的自主旅游及旅游管理新模式,以最大限度地满足游客的个性化需求与游览体验为最终目的。为了实现这一目的,景区对旅游新模式中的云计算、物联网等信息技术进行充分优化和利用,发挥其积极作用,着力实现旅游模式的创新与突破,为游客打造一个功能全面、体验更好的智慧景区平台,有助于实现旅游价值的最大化及旅游管理的高效化。

1.3.1　景区物联网

　　众所周知,景区环境的管理与维护是景区日常管理中的一项重要工作,在智慧景区物联网中,通过安置在景区的各种传感器对景区古树、人文景观等事物及周边环境信息进行采集,包括光照强度、空气湿度、环境温度及土壤水分等实时数据,并将这些信息实时传送至数据中心进行处理研究,建立能实时掌握古树、古建筑、古迹、景观水体、珍稀动植物等主体事物当前情况的智能化模块,维护管理这些古树名木,实时保护珍稀动植物,维持景区水体环境等,从而促进旅游景区的长期发展。

1.3.2　统一集成的应用平台

　　整合旅游资源,依托传感器、通过网络建立景区信息管理平台。以信息采集、存储、加工等技术手段建立资源信息数据库,利用数据挖掘技术、空间信息技术、物联网监控系统等打造景区强有力的智慧管理系统。

1.3.3　游客流量预测系统

　　近年来,各旅游景区人流量呈现逐年上涨趋势,与此同时景区面临的各方面管理压力也在不断加大,特别是各黄金周时段,景区管理面临空前的压力。因此,各大景区亟须建立起一套游客流量监测预测机制系统,系统应具有根据节假日游客流量高峰、历史同期游客数据、近期天气或近期重大事件等外在因素,全面分析游客数量变化并做出预测等功能,从根本上大幅提高景区的精细化管理水平。

1.3.4　景区电子商务平台

为降低景区的管理成本、提高景区管理效率和收益，建立景区的电子商务平台对电子票务、景区餐饮服务等信息化管理是非常必要和高效的，能低成本、实时地管理景区的出入客流，如实时掌握索道、观光车等售票情况，并根据前期历史客流记录进行查询统计、自动流量预警等。电子商务平台为景区门票售卖控制、景区内索道及观光车等的运力调度、旅游高峰期人流量调度等提供数据参考，能及时高效地进行相关应急预警，以高决策、高管理水平实现景区的智慧化旅游。

第 2 章　地理信息及遥感技术

随着计算机技术、空间信息技术的迅猛发展，以 GIS 为代表的空间地理信息技术水平快速提高，应用领域不断扩大，独立的理论体系和完整的技术系统也逐步完善，在国民经济建设和社会生活等各个方面发挥着越来越重要的作用。

2.1　地理信息技术

地理信息技术是集信息科学、计算机科学、现代地理学、测绘遥感学、环境科学、空间科学和管理科学为一体的空间信息科学技术。它是由多个学科交叉或综合而发展起来的一门学科，以信息流作为研究的主题，是未来信息高速公路不可或缺的重要组成部分。地理信息技术的迅速发展不仅能为地理信息的现代化管理提供契机，而且有利于其他高新技术和社会文化产业的发展，为人类提供规划、管理和决策的有用信息。

地理信息技术的研究手段主要通过 GIS、GPS 与 RS 等技术手段，即当下热门的"3S"技术。它以计算机技术为支撑，以大型计算机及存储设备为硬件支持，以各种采集设备获取的地理数据作为数据源，以 GIS 为技术核心，服务于企事业单位、政府管理机构及社会公众，具有空间数据的获取、处理、存储、管理、建模、分析、显示和网络传输等功能，既能提供一般性的通用的查看、筛选、检索、下载等服务，又能解决综合复杂的规划、监测、决策、管理等方面的问题，是典型高效的工程化应用技术平台。其技术核心 GIS 是通过图层管理的方式来实现对空间信息和属性信息的统一管理，并采用内部编码将空间信息与属性信息联系起来，这样就可以使管理者方便地由对象的空间信息查询到该对象对应的属性信息，也可以由相关的属性信息查询到对象具体的空间分布，为日常的管理提供重要的信息支持和决策引导。

随着改革开放的深入和经济的快速发展，地理信息技术的应用领域几乎涵盖了社会经济生活的各个方面，尤其广泛应用于资源环境管理、城市规划、土地利用分类、测绘制图等方面，其应用领域仍在进一步扩大。

2.1.1 基于互联网的 Web-GIS

随着计算机技术、数据库和网络技术等的不断深化发展，基于互联网技术的地理信息系统(Web-GIS)呈现出新的特点和强劲生命力。当前，Web-GIS 除应用于国土资源管理、环境生态监测等传统的 GIS 应用领域外，也越来越深入普通民众的生活生产中，如车载导航、移动位置服务、智能交通、现代物业管理等，大大增加了民众生活的便利性，同时也加速了地理信息技术产业的迅猛发展。

2.1.2 三维 GIS

进入 21 世纪后，随着 GIS 研究与应用的不断深入，传统的二维平面 GIS 已经不能满足人们的需求，如采矿、地质、石油等领域强烈要求具有部分专业功能的三维 GIS。因此，许多学者对应用于某些特殊领域的三维 GIS 进行研究，建立了栅格化数据模型，并进行功能单一的特殊的空间分析和管理等。伴随着计算机技术的飞速发展，传统三维 GIS 单一的三维显示及查询等功能已不能满足人们生产生活的需要，于是，以数据库为基础，集传统 GIS 技术、三维可视化技术及现下火热的虚拟现实技术等为一体的三维 GIS 技术应运而生，主要研究海量数据的存取和可视化，具有一系列面向三维应用的专业建模和可视化分析。

2.1.3 时态 GIS

GIS 所描述的现实世界是随时间连续变化的，将时间的影响纳入 GIS 应用中，就产生了时态 GIS。时态 GIS 主要应用于以下几种情况。

(1)历史的回溯和演变，如城市演变、地籍变更、环境变化灾害预警等，需要根据已有数据回溯到过去某一时刻的情况或预测将来某一时刻的情况。

(2)对象随时间变化较快时，如水体、空气及噪声污染和日照变化、滑坡泥石流临滑阶段预警等，短期内就会处理较多数据。

(3)对对象进行时间关联研究时，如地质学家想对某一时刻的所有地质条件或某一时间段内的平均地质条件进行评价，需要获取 A 时刻的值或从时间 B 到 C 内的值。

2.2　遥感技术

遥感是一种不需要直接接触目标就能对目标进行远距离信息采集的技术，它主要是指从远距离、高空以至外层空间平台，利用可见光、红外及微波等探测器进行摄影或扫描、信息感应、传输和处理等，从而识别地面物质的性质和运动状态的现代化技术体系。主要由以下部分构成。

（1）空间信息采集平台。主要由遥感平台和其搭载的遥感器组成，遥感平台包括无人机、航天器、人造卫星等，其主要作用是搭载遥感器进行数据采集。遥感器一般分为被动式遥感器和主动式遥感器。被动式遥感器的工作方式主要是直接收集太阳光的反射及目标物辐射的电磁波，而主动式遥感器则是向目标物发射特定波段的电磁波，然后收集目标物反射回来的电磁波进行遥感数据采集。

（2）地面接收和预处理平台。其主要工作是进行遥感图像的辐射校正和几何校正处理等。在遥感器观测目标物辐射或反射的电磁能量时，目标物的光谱反射率或光谱辐射亮度等物理量由于有失真的存在，与遥感器测量得到的值是不一致的，这些失真主要是由太阳的位置与角度条件及大气条件所引起。为了正确评价目标的反射和辐射特性，必须消除失真，几何校正的主要作用是校正图像上各像元的位置坐标与地图坐标系的目标地物坐标的差异；辐射校正即消除图像中依附在辐射亮度中的各种失真。

（3）地面实况调查平台。诸如收集环境和气象数据等，是为了检验遥感数据与观测目标物的对应关系而在与遥感观测一致的环境和时间条件下对地面的实况信息进行的相关情况调查和数据测量收集工作。

（4）信息分析应用平台。该平台的主要作用是进行遥感数据的变换、分类、处理等，并可作为 GIS 等其他信息处理平台的数据输入和输出功能。

大部分地理数据都是从低质量的地图通过数字化、扫描等方式输入的，而有效地将相关数据输入到 GIS 中是一项耗时的、烦琐的、费用高昂的任务。数字化的输入方式，有效率低下和代价高昂的缺点；而扫描虽然输入较便捷，但扫描之后得到的是栅格图形数据，并不能自动转变为 GIS 通用的点、线、面，以及赋予属性、拓扑关系等形式，且在数据库的存储中占用内存较高，读取速度较慢。全自动化的智能地图识别的实现还有较长的路要走，且短期内这一数据输入现状并不能有效改变。

目前，地理数据的输入越来越多地采用非地图的形式，在"3S"技术融合的背景下，RS 和 GPS 位置数据作为直接的地理数据源已经成为 GIS 数据的重要来源。不同于传统地图数据，GPS 位置数据可以直接输入到 GIS 中并使用，同时 RS 数据输入到 GIS 也较为容易。但通过对遥感图像的解译来采集和编译地理信息面临较大的困难，在实际生产实践中要求大量的高效的数字图像处理等技术，因此，GIS 中开始大量融入图像处理及高效存储等技术，在 GIS 的硬件和软件层面都有了飞速的发展。RS、GPS 是 GIS 的重要数据源和重要组成部分，同时 GIS 也是 RS 和 GPS 的数据分析与管理工具，通过 GIS 大大提高了 RS、GPS 的数据提取和分析能力。随着动态遥感网络的出现和高精度快速定位技术的发展，GIS 与 RS、GPS 的结合会更加密切。

遥感数据作为 GIS 不可或缺的重要组成部分，在 GIS 数据应用中主要分为两类。

(1)利用遥感数据的分析结果。通过对遥感数据的解译，可以获得植被覆盖率、土地覆盖率、水体等各种地理信息，在 GIS 中将这些地理信息按应用目的、数据模型等方式存入地理信息平台中，可进行查询编辑、缓冲区分析、区域分析等数据处理利用。

(2)利用遥感数据本身。遥感数据作为区域的宏观图像，其数据本身便可以在 GIS 中进行使用，同时也可以与其他的地理数据复合使用，以便进行更高层次的分析。

2.3　"3S"技术集成应用

目前，"3S"技术的研究和应用越来越开始向集成化发展，主要应用于工业、农业、环境监测、交通运输、导航、公安、消防、保险、旅游等各行各业，创造的市场价值也越来越大。

2.3.1　"3S"技术集成

在"3S"集成中，GPS 主要用于实时、快速地获取目标的空间位置，包括各类传感器和运载平台(车、船、飞机、卫星等)的空间位置。RS 主要用于实时地快速提供目标及其环境的各种信息，及时发现研究对象区域的各种变化，及时对数据进行更新。GIS 则主要是一个信息管理和数据处理平台，对多种来源的时空数据进行综合处理、集成管理、动态存取等操作。

为了实现真正的"3S"集成，整个系统的设计、实现和应用中出现的共性问题就亟待研究和解决。诸如图形、图像、属性、定位等基础数据的一体化管理，数据的实时通信与交换，语义与非语义信息的自动提取理论及方法，以及基于客户机/服务器的分布式网络环境集成等。此种"3S"集成可以将多种数据集成分析和处理，并能实现实时共享，特别是网络化的数据传输模式可以快速有效地将数据传送到各用户，同时也为"3S"集成的演化研究提供条件。

2.3.2　"3S"集成模式

在"3S"集成模式中，GPS 可为 GIS 及时采集、更新或修正数据，例如，在外业调查中，将 GPS 定位数据输入到电子地图数据库，可以修正、核实原有数据并将其赋予专题图属性以生成专题图等。GPS 技术是地理数据采集的一项重要进展，采用 GPS 技术可以对地球表面的任何地点进行准确、快速的定位，与此同时，GPS 的定位信息也可以在 GIS 系统的电子地图上得到目标坐标系下精准实时的显示等。GPS 的精确定位功能弥补了遥感地理数据获取中面临的定位困难问题，在 GPS 精准定位技术广泛推广使用之前，遥感图像的定位、几何校正和地面光谱同步测量等一般都是通过大地测量的方式人工测量确定的，在获取数据时不仅费时费力，后期也严重影响了数据实时进入 GIS 平台。随着 GPS 快速定位技术的应用，为 RS 采集的地理数据实时进入 GIS 平台提供了可能，也使 RS 数据与地面同步监测数据的动态配准更加便捷和准确。

"3S"技术作为目前空间信息技术发展的重要方向，GIS、RS、GPS 在空间数据处理中各具特色，有其独自着重的技术点和分工，在完成自身功能的同时也能解决很多空间信息科学中的关联性的问题。

作为空间信息处理的三大技术平台，它们也存在着各自的优点和不足。在生产实践中，很多需要解决的空间信息问题经常需要联合使用三个平台。由此可见，三者的技术融合与集成已成为空间信息科学发展的必然方向。首先通过 GPS进行定位、定向及导航，获取目标物的精确位置信息，再通过 RS 手段获取目标物的相关地理和属性信息，最后由 GIS 进行数据的配准、分析处理，通过相关的工具和分析模型等，提出最终的决策实施方案并以图表、图件、三维演示等方式输出相关成果。"3S"平台的集成一般根据具体项目的需要以其中一种技术为主导，利用其内在联系将其他两门技术以一定的结构形式有机地结合在一起，在三者的共同作用下形成一个集成各方优势的一体化平台(图 2-1)。

在信息全球化的大背景下，"3S"集成技术的研究和应用领域日趋广泛，各种对地观测和定位系统能及时、精准地提供海量的地理数据，并可根据项目的具体需要提供不同分辨率的数据，带来了更强的实用性。这些发展趋势及其已取得的成果，为空间地理信息技术的综合应用和产业化发展提供了充足的发展空间。

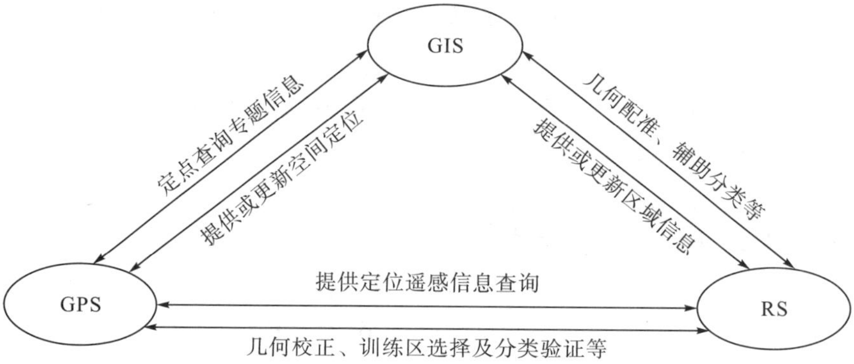

图 2-1　"3S"集成技术

正是由于"3S"技术的产业化、集成化和实用化，还有很多技术上的课题需要我们进一步研究，如三维框架数据，空间框架数据，无显式拓扑框架数据，移动服务框架数据等的技术设计、前期相关技术规范的制定等。另外，结合本书研究的具体"3S"技术应用来说，由于开展进度和其他原因，目前只能针对数字黄龙平台信息管理系统平台及黄龙地质、水文、自然保护区、生物多样性和旅游设施等自然资源和人文数据库的建设。待条件进一步成熟时，在后期可更深层次地研究多比例尺数据协同更新、多尺度框架数据集成、时态数据组织、历史数据保存、海量数据管理、多维动态空间数据模型等方面的技术问题。

2.4　"3S"技术在数字黄龙平台建设中的应用

在 GIS 技术和计算机技术飞速发展的大背景下，数字地球的概念得以提出，使空间数据在众多领域展现出日益强大的生命力，如遥感、测绘、航空、通信、交通、水电、地质、旅游、军事、商业等各个方面。空间数据的采集已成为我国基础地理信息产业建立和完善的一项重要基础工作。黄龙数字平台建设所涉及的数据准备工作有以下几方面。

(1)已有资料的数字化，如对黄龙景区的不同比例尺地形图进行扫描并进行矢量化，形成黄龙景区矢量化的数字成果，为后续产品的使用提供良好的应用基础。

(2)对研究区遥感影像进行处理，为后续实现三维可视化等功能提供数据准备。

(3)黄龙三维地形及立体图生成，为可视化的实现做好准备。针对以上数据利用 ArcGIS 平台获取了研究区基础地理要素，主要包括：①水系及沟渠；

②道路(省道、乡村道路、景区栈道及内部道路);③研究区地名信息,包括与周边县区关系;④高程信息[等高线、高程点、数字高程模型(digital elevation model,DEM)];⑤钙化池信息(钙化池空间分布信息);⑥固态水分布特征;⑦景区基础设施分布;⑧动植物分布。

2.4.1　黄龙景区矢量数据的获取

获取黄龙景区矢量数据主要包括数字栅格图(digital raster graphic,DRG)的制作和基于 ArcGIS 的地图扫描矢量化两个部分。其主要工作是将已有的黄龙景区地形图进行扫描并进行图形纠正和坐标转换,在目标区域内采集相关的地貌曲线、道路、水系、地名、地物注记等。需要特别注意的是,在处理无内插曲线或基本等高距不一致的部分地貌矢量数据时,要设置允许内插曲线以保证矢量数据中的地貌曲线不跑线失真。

1. 黄龙景区数字栅格图的制作

数字栅格图的制作主要包括对黄龙景区地形图的图纸扫描、图形纠正、色彩归一化等工作。本次扫描的相关参数及设置方式有:地形图扫描分辨率为300DPI;图形纠正时按公里①格网逐格纠正,纠正精度不大于 0.01mm;因原地形图为单色纸质图,在作色彩归一化时,考虑以白色为背景色,曲线为绿色。

2. 基于 ArcGIS 的地图扫描矢量化

地理图件的扫描矢量化是地理图件数字化面临的关键难点,也是目前亟须解决的技术瓶颈。虽然矢量化操作简单,但是工作量大,地理图件具有幅面大、线型种类繁多、曲线关系复杂、符号注记遍布等固有特点,决定了地理图件矢量化的工作量和整体难度较大。如何在地理图件矢量化过程中有效地提取关系复杂的线条,解决扫描栅格数据的快速可视化等问题,并确保矢量数据的结果质量满足要求,是地理图件矢量化前必须考虑的问题。黄龙自然保护区的等高线矢量化结果如图 2-2 所示。

针对黄龙景区特殊地貌的具体特点,在相关地理图形图件扫描基础上,采用了国际主要使用的 GIS 平台软件——ArcGIS 进行半自动方式的地图矢量化工作,具体操作流程见图 2-3。

①　1公里=1km。

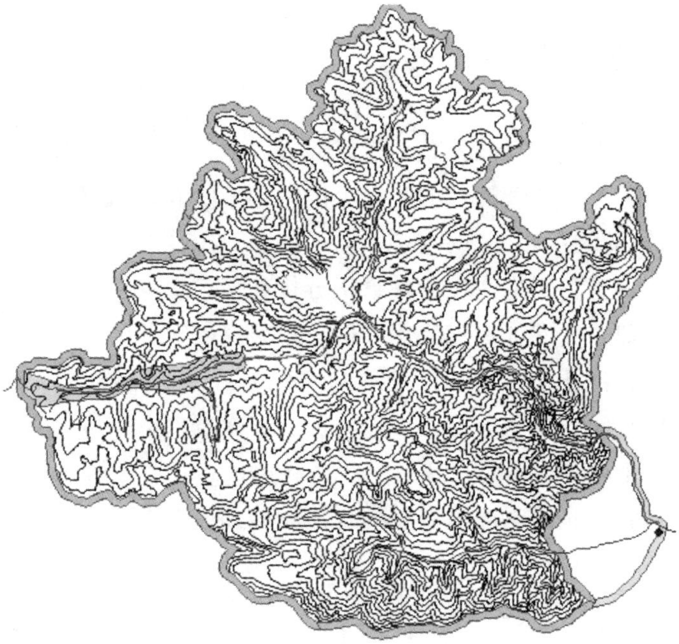

图 2-2　研究区矢量化结果

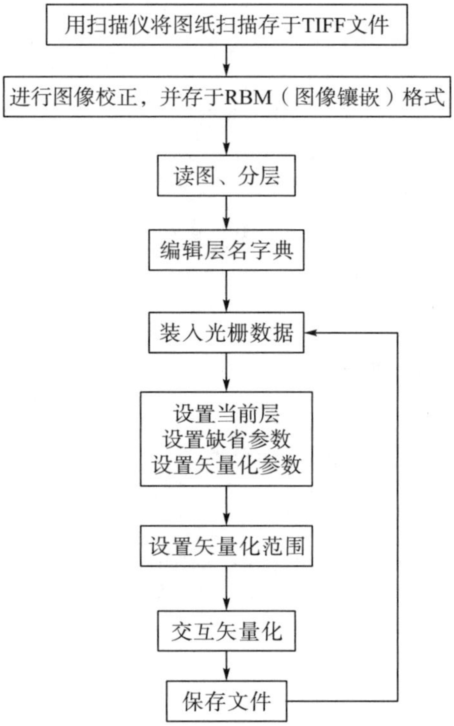

图 2-3　ArcGIS 扫描矢量化流程图

2.4.2　遥感影像数据处理

遥感虽然只是瞬时的空间分布记录，但可以根据痕迹分析某些动态现象的空间变化幅度。遥感图像处理的目的就是突出图像中的有用信息，扩大不同影像特征(如灰度或不同的颜色)之间的差别，以便提高对图像的解译和分析能力，使之更适合实际应用，有利于进一步的计算机分析和信息提取。

遥感图像处理方法的选择和应用，取决于研究的对象、目的和待解决的问题及图像本身的信息特征。因此，在处理的过程中首先要分析工作区的自然地理、气候、地形差异及地物覆盖类型的波谱特征，其次选择适当的处理方法，制订处理方案以指导整个处理过程。

根据实际需要，其遥感图像数据处理流程如图 2-4 所示。

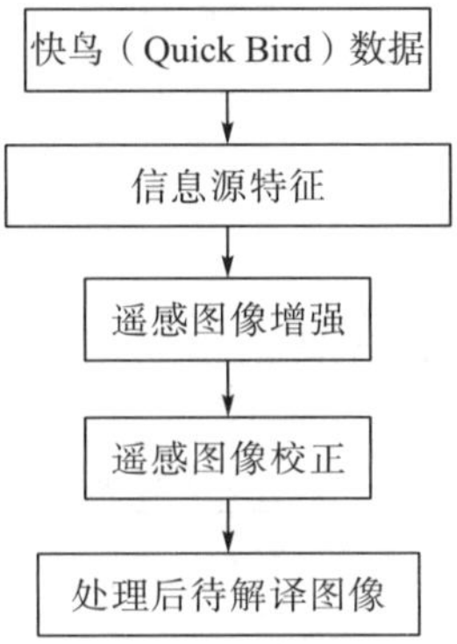

图 2-4　遥感图像数据处理过程

1.　信息源特征

本次黄龙研究区影像数据采用了快鸟卫星数据。该遥感数据的突出特点是：全色分辨率为 61cm，多光谱分辨率为 2.44m，多光谱有红、绿、蓝、近红外四个波段，图像幅宽 16.5km，在没有地面控制点的情况下，地面定位圆误差精度可达 23m。有关快鸟卫星参数见表 2-1。

表 2-1　快鸟卫星的相关技术参数

参数	数值
发射时间	2001 年 10 月 18 日
轨道高度	450km
轨道倾角	97.2°，太阳同步轨道

参数	数值
过境时间	10：30am
回归周期	1～3.5d，视纬度位置（偏离星下点 25°）
图像分辨率	全色：61cm（星下点）至 72cm（偏离星下点 25°） 多波谱：244cm（星下点）至 288cm（偏离星下点 25°）
扫描宽度	16.5km×16.5km
像元存储位数	11bit 存储
波段	蓝：450～520nm 绿：520～600nm 红：630～690nm 近红外：760～900nm

2．遥感图像增强

遥感图像增强即扩大影像中不同信息的特征，使图像中的有用信息更加突出。众所周知，图像中各种信息或影像特征主要是根据图像的亮度值或灰度值的变化而反映出来的，因而最直接的方法就是将不同亮度之间的差别进一步扩大，这也是图像增强最基本的处理方法。然而由于人眼对灰度等级能够识别的限度较大，只能识别较少数目的灰度等级，即使机器识别，等级也最多达 256 个，因而，不少情况下需要进行有选择性的增强。选择性图像增强即在突出某些信息的同时将目标之外的信息进行一定程度的压缩。由此可知，在选择图像增强处理方法时，要充分考虑研究的对象、目的和要解决的问题及图像本身的信息特征等，使目标主体信息突出增强。

目前遥感图像增强处理方法常用的主要有：彩色合成、反差增强、灰度变换、密度分割、图像运算、主成分分析、图像融合。本书中图像增强主要采用彩色合成、反差增强和图像融合三种方法。

（1）彩色合成。在彩色图像合成时，把蓝色波段的影像作为合成图像中的蓝色分量、红色波段的影像作为合成图像中的红色分量、绿色波段的影像作为合成图像中的绿色分量进行合成的结果，得到真彩色图像。

（2）反差增强。图像中不同地物的反差大小取决于相邻亮度值（或灰度）之间差别的大小。通过扩展或拉伸影像的亮度、对比度数据分布，使之充满直方图的整个动态范围以达到增强反差的目的，可以使人在显示设备或输出图像中尽可能地分辨出更多的亮度等级。即当像元的亮度随机分布处于正态分布时，图像的质量较好；直方图为非正态分布，说明图像的亮度分布偏亮、偏暗或亮度过于集中,图像的对比度小,需要调整该直方图到正态分布,以改善图像的质量。

(3)图像融合。其原理是将多源信道所采集到的同一目标的图像数据经过处理,以便尽可能多地提取各自信道中的有用信息,将这些信息进行融合形成高质量的图像,以提高图像信息的利用率、提升原始图像的空间分辨率和光谱分辨率、提高系统对目标探测识别的准确度、改善计算机解译精度和可靠性、提高系统本身的自动化程度等。本书中将 R/G/B 彩色合成的结果与全色波段进行融合,得到了 0.61m 分辨率图像。

3.　遥感图像校正

遥感影像在成像时与地表目标会存在一定的几何变形,如产生平移、旋转、缩放、放射、弯曲和更高阶的歪曲等。目标地物在所选择的地图投影中的几何投影与遥感影像上的几何图形产生差异主要是由于地球曲率、地球旋转、地形起伏、投影方式、传感介质的不均匀、传感器外方位元素变化等因素的影响,消除这些差异的过程即为几何校正。

遥感图像校正主要包含系统误差校正和几何精校正两个部分,其中系统误差校正一般由地面数据接收站完成,用户只需根据项目需要进行相应的几何精校正即可。几何精校正主要有物理模型校正、数字微分校正和多项式校正等校正方式,且当一景影像具有多处不同几何畸变部分时,可以以高程数据为划分依据,按地形起伏将影像分成不同的条带或块进行分区纠正。

2.4.3　黄龙三维地形及立体图生成

遥感图像三维可视化是将二维遥感图像嵌套在该地区的 DEM(数字高程模型)表面,并标上相应的地物符号和标注标记等,其关键技术和难点在于 DEM 的建立。遥感图像是描述地区的真实写照,包含大量的属性信息,能够再现描述地区的地貌和地物特征;文字符号标注用于地物标识和定位;DEM 是用数字阵列的形式来离散表达地形表面的起伏变化等,能够非常直观地反映描述地区的真实地形条件。将三种信息融为一体即得到目标地区的三维可视化影像,能够真实地反映描述地区的地形、地势和地貌等信息。

遥感图像三维可视化数据主要由图像栅格数据、地理要素矢量数据和文字符号标注数据等多种类型数据在统一的地理坐标系统下集成套合而成。由此不难发现,将这些多源异构数据之间的坐标进行精确配准是解决数据集成套合的难点之一,利用坐标配准,能有效地将不同来源、不同坐标系统下的同一地区的图像要素和地理信息等转换到统一的坐标系统中,从而嵌合为三维地形影像。

本书研究的数据配准参考系统以黄龙景区实测地形图坐标系统为参考,其他数据均需进行坐标转换使坐标系统统一。使用地形图所在坐标系统为参考是因为研究区的主要地理要素和文字符号标记等都是依据实测地形图标记的,与地形图存在同一坐标系中,无需再次配准,减少了多次配准带来的数据误差。通过这样的处理就可完成研究区遥感影像三维可视化的准备工作,但是原始遥感影像的图像处理还需按照数字遥感影像处理流程来进行,主要包括数字正射影像获取、黄龙 DEM 建立和三维立体图生成三个工作部分。

1. 数字正射影像获取

数字正射影像图(digital orthophoto map,DOM)是对遥感影像(单色或彩色)经逐像元进行辐射改正、微分纠正和镶嵌,并按规定图幅范围裁剪生成的形象数据,带有公里格网、图廓(内、外)整饰和注记的平面图。DOM 同时具有较高的地图几何精度和信息丰富、直观真实的影像特征,相比于实测地形图,DOM 具有地理信息丰富和制作周期短等优势,具有时效性、直观性、现势性、连续性等突出特点。DOM 可作为验证其他数据的精度和完整性的背景控制信息,也可以直接利用其包含的地理信息为基础设施建设和灾害防治等提供可靠依据和决策支持等。

DOM 的制作原理是依据其特点应用专业的地理信息遥感软件对原始遥感影像经过辐射校正、几何校正后,消除各种畸变和位移误差而最终得到包含地理信息和各种专题的卫星遥感 DOM。DOM 是具有一定几何精度和地理信息的影像,制作出的 DOM 具有以下特征。

(1)影像信息饱满,直方图分布均匀,灰阶信息齐全。

(2)影像细节清晰,纹理清楚,整体色调一致,反差适中,色彩无突变。

(3)植被色调信息真实可辨。

(4)影像镶嵌无缝隙和错位。

(5)影像融合处理应当使用低分辨率的多波段影像与较高分辨率的全色波段影像进行。

本书采用快鸟卫星遥感影像与矢量数据生成的 DEM(1∶10 000)进行影像纠正和融合,并标裁出目标研究区的卫星遥感 DOM。黄龙核心景区遥感 DOM 如图 2-5 所示。

图 2-5　黄龙核心景区遥感 DOM

2. 黄龙 DOM 建立

DOM 是用有序数值阵列的形式表示地面实体高程起伏变化的一种数字模型，是数字地形模型（digital terrain model，DTM）的一个分支，其他各种地形特征值均可由此派生。一般认为，DTM 是描述包括高程在内的各种地貌因子，如坡度、坡向、坡度变化率等因子在内的线性和非线性组合的空间分布，而 DEM 是零阶单纯的单项数字地貌模型，其他如坡度、坡向及坡度变化率等地貌特性可在 DEM 的基础上派生。

建立 DEM 的方法有多种。按其数据源及采集方式有以下几种。

（1）直接用传统测量方法实地测量所得，如 GPS、全站仪、水准仪等野外测量手段获取高程位置信息等。

　　(2)通过航空、航天影像或摄影测量途径获取，如立体坐标仪观测及空三加密法、解析测图、数字摄影测量等。

　　(3)从已有地形图上采集，如通过格网读点法、数字化仪手扶跟踪、扫描仪半自动采集等手段，再通过内插的方法生成 DEM。

　　DEM 的内插方法较多，常用的主要有整体内插、分块内插和逐点内插三种。整体内插是由研究区内所有采样点的观测值整体建立拟合模型。分块内插是把参考空间分成若干个分块进行内插，各分块按实际需求使用不同的内插函数。逐点内插是以待插点为中心，定义一个局部函数去拟合周围的数据点，数据点的范围随待插位置的变化而变化，因此又称移动拟合法。逐点内插有规则网格结构和不规则三角网(triangular irregular network，TIN)两种算法。目前最常用的算法是采用 TIN 的算法，在 TIN 基础上通过线性和双线性内插建立 DEM。虽然用规则方格网高程数据记录地表起伏具有坐标位置信息可隐含、数据处理较容易等优点，但由于格网点不是地形特征点，采集数据比较麻烦。而 TIN 结构数据能以不同层次的分辨率来描述地表形态，与格网数据模型相比，TIN 模型在某一特定分辨率下能用更少的空间和时间更精确地表示更加复杂的表面，特别在含有大量断裂线、构造线、地性线等地形地貌特征时，采用 TIN 模型能更好地描述这些特征。

　　在影响 DEM 精度的众多因素中，原始数据质量的好坏是最主要的因素。DEM 的实际精度主要由原始数据的采集误差和高程内插误差两方面决定。数据采集误差主要来自原始资料的误差、数据采集设备误差、人为误差、坐标数据转换误差等。而高程内插误差一般是普遍存在的误差，其内插时插值点的计算高程与实际高程存在一定的差值，这种差值主要与选用的内插算法和内插的采点方式有关。其计算方法主要有传递函数法和协方差函数法等。

　　原始数据误差处理主要有以下几种方法：

　　(1)使用滤波方法提高模型数据质量。

　　(2)基于三维可视化及趋势面的粗差检测与剔除。

　　(3)基于坡度、坡向、坡度变化率等信息的粗差检测与剔除。

　　(4)基于等高线、等深线拓扑关系的粗差检测与剔除。

　　DEM 精度评定分为平面精度评定和高程精度评定两个方面，而在实际应用中的 DEM 精度评定一般指高程精度的评定。DEM 高程精度评定常用的方法有检查点法、剖面法、等高线法等。

　　质量控制是 DEM 生产中的重要环节之一，其在很大程度上直接影响了DEM 的整体精度。从 DEM 生产流程上来说，DEM 质量控制可以分为三个部分，即原始数据资料质量控制、数据处理的质量控制和最终产品质量控制。尽管采用何种生产工艺流程生产 DEM 和 DEM 的质量检查是密切相关的，但总的来说，DEM 的质量检查应当包括这样一些内容：

(1)检查 DEM 原始的数学基础。

(2)检查 DEM 的数据起止点坐标准确性。

(3)检查 DEM 的原始数据质量。

(4)检查 DEM 的高程有效范围值是否正确。

(5)检查生成 DEM 的内插模型。

(6)检查生成的 DEM 产品的质量。

(7)检查 DEM 的元数据准确性。

DEM 的质量检查方法有：目视检查、交互式半自动检查、自动检查、影像分析检查等。本次黄龙遥感影像 DEM 的生产，首先使用离散高程点、等高线生成 TIN，然后通过 TIN 生成 DEM。利用已建立好的黄龙 DEM 数据，建立相应的晕渲模型，对 DEM 进行晕渲，使生成的原始 DEM 效果更加逼真、形象。晕渲色调以绿色为基调，生成的 DEM 晕渲图结果如图 2-6 所示。

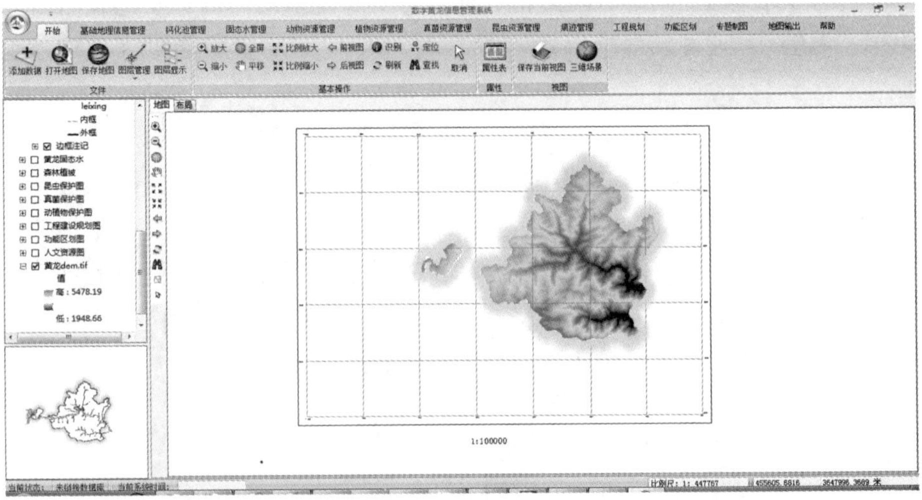

图 2-6　DEM 晕渲图

3. 三维立体图生成

将黄龙景区遥感 DOM 及 DEM 数据嵌合叠加后生成了黄龙地区的三维立体影像。图 2-7 为高度放大 50% 的景观图。

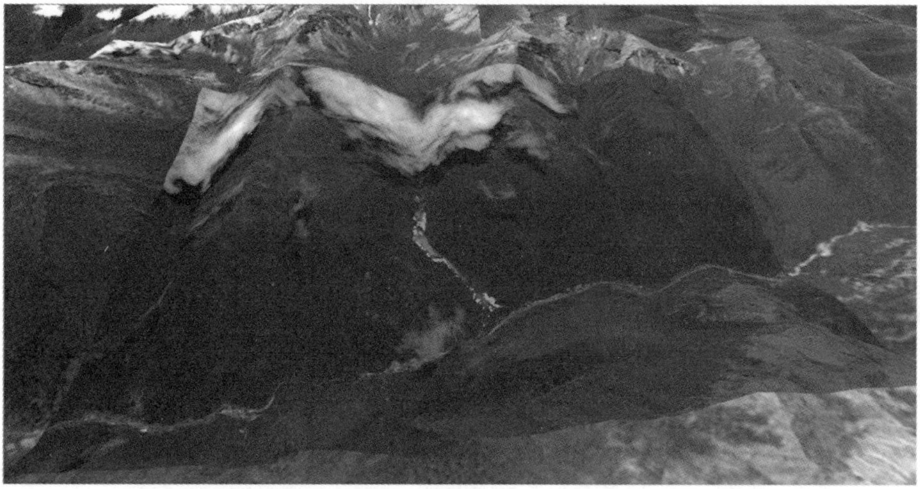

图 2-7　黄龙景区主要景观立体图

第3章 黄龙自然保护区自然地理及经济社会状况研究

黄龙自然保护区位于四川省阿坝藏族羌族自治州松潘县境内，处于青藏高原东部边缘向四川盆地过渡地带，岷山山脉南段，区域经纬度范围为 E103°25′59″～104°8′45″，N32°30′53″～32°54′17″。保护区内的黄龙国家级风景名胜区为国家5A级旅游景区，早在1992年便已列入《世界遗产名录》。

自然保护区最高峰为岷山主峰——雪宝峰，海拔5588m，山顶终年积雪，孕育了多条中小型冰川，是中国存有现代冰川的最东点。黄龙自然保护区外围保护地带面积约640km²，保护区以雪山、彩池、峡谷、森林"四绝"著称于世，吸引了世界各地大量游人前来观赏游玩。区内有巨型的地表钙化坡谷蜿蜒于石山冰峰与天然林海之间，宛若一条金色的"巨龙"蜿蜒而上，腾天游地。其犷中有静、静中有动、雄中有秀、野中有文的自然景观，构成奇、峻、雄、野的景观特点，享有世界奇观、人间瑶池的美誉。

资源环境的变化对黄龙的自然生态环境建设意义重大，数字黄龙平台建设及生物多样性数据库构建，在正确反映人类活动对自然生态环境的影响、发现潜在的资源环境变化规律、寻求科学合理的资源利用方式、改善区域环境和实现健康持续发展等方面具有积极作用和重要意义。此外，通过该数字黄龙平台，也可以为黄龙自然保护区的生物多样性研究和保护、生态环境修复及景观建设提供基础研究数据资料等，平台的建设具有较高的必要性。

3.1 保护区自然地理

黄龙自然保护区位于松潘县境内，地处四川盆地西北缘的岷山山脉南段，其南北长31.5km、东西宽28.4km，总面积超过5.5万hm²。保护区于1992年被联合国教科文组织列入《世界遗产名录》，2000年又被正式纳入联合国"人与生物圈"保护区网络。保护区内的黄龙国家级风景名胜区，形如一条蜿蜒而上的金龙，又似是一座绚丽多姿的彩池画廊。境内花木竞秀，松萝蔓生，碧水清泉，松林掩映，叠瀑滚泻。在"龙尾"逆黄色长坡而上"龙头"，层层嵌列着4300余个迂回曲折、珍珠璞玉般的彩池，鬼斧神工如龙鳞一般，龙头处的黄龙古寺更是画龙点睛之笔。彩池形态各异，有蹄掌、弯月、菱角等各种形态，且池水深浅各异，浅者仅数寸，而深者可达丈余，但都无一例外的清澈见底、澄净无埃。而黄龙彩池最具魅力的当然必属池水的色彩，随季节的不同和周边环境的变化，池水颜色时而荡红漾绿、泼墨濡黄，时而似蓝假白、浓淡相宜，时而泻翠流金、泛青描黛，虽然活水同源，却是水色各异、变幻无穷。同时，区内的动植物资源也非常丰富，高大的松树、灌木、藤本植物、草本植物、苔藓等构成了植被覆盖的立体空间，花木野果相间成趣，不时还有小松鼠等掠过你的步道，带来游玩的意外欣喜。在保护区的原始森林中，红杉、连香树、麦吊云杉等中国特有的濒危珍稀树种仍大量可见，同时在高山草甸中也生长着许多松贝、虫草、五甲皮等名贵中药材，享有"寒温带植物王国"的美誉。茂密的森林和草地，也为各种野生动物提供了良好的生存环境，区内大熊猫、云豹、牛羚、川金丝猴等国家一、二级重点保护动物达三十余种。

3.2　保护区地质、气候

黄龙地层属昆仑秦岭地层区，西秦岭分区，摩天岭小区，上古生界、中生界及新生界第四系地层发育较全。志留系、泥盆系、石炭系、二叠系以碳酸盐岩沉积为主，三叠系主要为碎屑岩沉积，第四系为冰川沉积和钙化沉积。主要成土母质为碳酸盐岩，土壤主要由暗棕壤、棕壤和高山草甸土等组成，具有明显的垂直分带特征。钙化景观区均为钙性土。

黄龙处于岷山山脉，该区域地质构造至更新世以来活动剧烈，不断隆起至现代高山区。区内山岳冰川广泛分布，并在全新世后发育成现代冰川，留下了冰蚀地貌和大量冰碛物。与此同时，由于大气降水下渗作用，形成了喀斯特地貌，下渗水体以断层泉方式转为地表径流，并在沿沟向下流动过程中形成了钙化堆积，正是这种不断变化的钙化堆积呈现出五彩池这种著名的钙化风貌。

黄龙自然保护区属于北亚热带气候区，处于青藏高原至川西湿润区和秦巴湿润区的两侧，气候类型属高原温带至亚寒带季风气候类型。气候垂直分带明显：3000m 以下为山地温带；3000～4000m 为高山温带；4000～4500m 为高山亚寒带；4500m 以上为高山寒带。黄龙地区的气候特点是高山湿润寒冷，河谷干燥温凉，早、中、晚温度变化较大，春秋季明显，几乎没有夏季，冬季漫长，常年日照充足。

3.3　保护区生态资源分布

黄龙自然保护区内植被分布趋势主要由东部岷山山脉湿润森林区向青藏高原亚高山针叶林、草甸草原灌丛区过渡。植被分布于东亚植物区、喜马拉雅植物区、北半球亚热带植物区和温带植物区的交汇地带，区内植被茂盛、种类丰富、类型繁复。保护区内森林覆盖率为 65.8%，松林密布，古木参天，林相多姿，同时苔藓和低等植物广泛发育，松萝挂枝，茵绿鲜嫩，松软如絮。其明显的垂直带谱特征构成了完善的群落结构和完整的森林生态系统。

与此同时，受益于黄龙独特的自然生态环境资源分布特征，黄龙也是大熊猫、牛羚、川金丝猴等野生动物的理想栖息之地，加之该区域山脉河流成南北走向，有利于南方动物向北向高处分布，故而黄龙自然保护区也成为南北动物交汇与某些珍稀动物的保护中心。保护区内野生动物有兽类 59 种、鸟类 155 种、爬行类 5 种、两栖类 5 种、鱼类 3 种。物种丰富，种类繁多。

3.4　保护区经济社会发展情况

黄龙乡共有耕地面积 77.65hm²，主要农作物有油菜、蚕豆、青稞、马铃薯、小麦等。农民习惯种植油菜和蚕豆，统计资料显示，其播种面积占总耕地面积的 76.3%。全年气温较低，粮食作物一年一熟，产量一般为 1500～2250kg/hm²，加之耕地面积较少(0.117hm²/人)，农民则用扩种的办法增加粮食产量。每年人均粮食拥有量仅 204kg，全用作口粮或喂牲畜，远远满足不了需要。农户一般饲养猪、牛、羊、马等牲口。挖药材、捡菌、采蕨菜是农户主要的现金来源。

松潘县社会经济基础薄弱、经济总量少，2000 年完成地区生产总值24 562万元，其中旅游业总收入为10 260万元，旅游业成为其支柱产业。旅游业的发展，不仅带动了相关产业的发展，也推动了第三产业的大发展。松潘县商品经济发展速度加快，旅游宾馆、招待所、酒店、饭店等饮食服务行业蓬勃发展，交通运输业欣欣向荣，商业网点迅速增加，文化娱乐设施显著增多，土特产品就地打开了销路，收入明显增长。在开展旅游之前，全县第三产业产值占生产总值的比重不到 10%，1994 年达到28%，上升近两倍，全县旅游、饭店、宾馆已超过 100 家。松潘县城、川主寺镇等黄龙景区外围的旅游接待已具相当规模，并拥有具备涉外接待能力的中高档宾馆。旅游业的发展将为黄龙迎来更大的发展机遇，带来更大的社会经济效益。

第4章 黄龙自然保护区生物多样性

四川黄龙国家级风景名胜区是世界上规模最宏大、结构最完整、造型最奇特的喀斯特地貌景观区，也是黄龙自然保护区已开发的主要景区之一。景区内错落分布有三千三百多个五彩斑斓、形态各异的彩池及 1.2km 长的钙化滩流，享有"人间瑶池"的美誉，是保护区对外开放的重要窗口，同时也是保护区被评为"世界人与生物圈保护区""国家地质公园"，以及被联合国教科文组织列入《世界遗产名录》的主要依托部分。但由于对区内动植物资源的调查了解还比较缺乏，保护区的管理和升级工作也都有待加快，因此对区内动植物等资源进行调查与分析，对整个保护区的生物多样性保护来说是非常重要的。

4.1 植物多样性

保护区地势自西北向东南倾斜，地表残山绵延，波状起伏，大部分为高山峡谷地区。保护区高程落差较大，最低处海拔约 2500m，最高点为雪宝顶峰 5588m，山顶常年积雪；保护区大部分地段海拔处于 3000～4200m。黄龙自然保护区气候属典型的高原温带－亚寒带季风气候，冬季漫长、春秋相连，基本上没有夏天。年平均气温为 5～12℃，年温差和日温差都很大，光照充足，太阳辐射强烈。年平均降水量为 758.9mm，其中 5～9 月的降水量占全年的 70%～73%。区内土壤主要是山地棕褐土、山地棕壤及山地棕色灰化土和高山草甸土，植物在这种土壤类型的生态环境下得到充分发育。区内森林覆盖率为 65.8%，植被覆盖率达 88.9%，灌木草甸众多，针阔叶混交林及针叶林遍布。

由于黄龙自然保护区复杂的地理环境，区内松科植物特别发达，冷杉属和云杉属两原始属得到充分发育，在区内成片分布，如图 4-1 所示，且被认为是最原始的被子植物——木兰科，以及古老而复杂的金缕梅科在本区都有分布。另外，残遗种如连香树，以及一些形态特征较原始的植物，如星叶草、独叶草等都有发现。特别是兰科植物，黄龙沟虽然只占整个保护区很小的一部分，但所拥有的兰科植物种类却占整个保护区的一半以上。毫无疑问，黄龙自然保护区的兰科植物种类的丰富性，特别是黄龙沟内的兰科植物种类的多样性值得进一步调查研究。

经调查，黄龙野生兰科植物有 69 种以上，其中，珍稀兰科植物有杓兰、黄花杓
兰、四川杓兰(新种)、西藏杓兰、一花无柱兰、虾脊兰、红门兰、斑叶兰等三十
多种，如图 4-2 所示。

图 4-1　黄龙松科植物——方枝柏

图 4-2　黄龙部分珍稀兰科植物

4.2　真菌多样性

真菌类资源自人类文明诞生以来就一直开发利用发展至今,已成为人类发展史中不可或缺的一种重要生物资源,具有重要的食用和药用价值。步入 21 世纪之后,野生菌等真菌因其良好的经济效益和市场前景越来越多地受到国内外普遍关注,其高食用、药用价值对促进山区农民就业增收和区域经济发展具有重要意义。

野生菌类资源主要集中于亚高山天然林区及硬阔叶林区等湿润地区,而黄龙自然保护区处于西南地区横断山亚区,该地区是中国大型经济真菌最丰富的产区之一,野生菌类生长众多,种类丰富。菌类在天然林区与硬阔叶林区分布的种类差别较大,主要为温带和寒温带菌类。据调查,黄龙自然保护区内真菌种类达一百余种,其中可药用和食用的超 70 种,如羊肚菌(图 4-3)、丝膜菌、鸡油菌、牛肝菌、冬虫夏草(图 4-4)、橙盖鹅膏等,具有较高的开发利用价值且资源丰富。

图 4-3　黄龙珍贵食用菌类——羊肚菌

图 4-4　黄龙珍贵药用菌类——冬虫夏草

4.3　动物多样性

从动物地理分布上看,黄龙自然保护区属于东洋界西南区,四川盆地西缘高山深谷地带。从地理位置上来说,保护区处于涪江上游,自然条件优越,区内山脉、河流均为南北走向,有利于南方动物向北、向高处分布,加之处于高原温带—亚寒带季风气候,在季风气候的影响下,夏季暖湿气流可沿河谷山谷向北深入,故而该区具有明显的南北动物混杂现象。

从动物的分布型上来看,保护区内动物种类主要有以下几种。

(1)南方类型。南方类型动物种类较多,共 34 种,占总数的 53.97%,包括喜马拉雅-横断山区型 15 种、东洋型 13 种、南中国型 6 种。

(2)北方类型。北方类型种类共 24 种，占总数的 38.10%，包括高地型 10 种、古北型 7 种、全北型 4 种、东北－华北型 1 种、华北型 1 种及中亚型 1 种。

(3)季风区型及其他分布型。共 5 种，占总数的 7.94%。

其中，北方类型中高地型是其主要类型，占北方类型的 41.67%，其次为古北型，占北方类型的 29.17%；南方类型中主要是喜马拉雅－横断山区型，占南方类型的 44.12%，其次为东洋型，占南方类型的 38.24%。

黄龙自然保护区内南北动物混杂，珍稀动物众多(图 4-5)。仅国家一级重点保护动物就达 5 种之多，分别为大熊猫、云豹、川金丝猴、豹、扭角羚；国家二级重点保护动物 14 种，分别为岩羊、小熊猫、林麝、金猫、兔狲、猞猁、水鹿、马鹿、斑羚、红腹角雉、藏马鸡、藏雪鸡、血鸡、蓝马鸡，占保护区内动物种数的 30.16%；还有省级重点保护动物 5 种，分别是豹猫、赤狐、毛冠鹿、藏狐、香鼬。同时，按照国际标准列入华盛顿公约附录Ⅰ的动物有小熊猫、黑熊、马熊等 9 种，列入华盛顿公约附录Ⅱ的有豹猫、狼、兔狲等 10 种，列入华盛顿公约附录Ⅲ的有黄鼬、黄喉貂和香鼬 3 种。除此之外，还有牛羚、松鼠、血雉、蓝马鸡、红腹锦鸡、苏门羚等众多野生动物，特别是松鼠，在黄龙景区内随处可见，经常给景区游人带来意外之喜。

图 4-5　黄龙部分珍稀动物

但是经调查研究发现，在上述这些珍稀动物中，除豹猫、毛冠鹿、黄鼬等几种兽类较常见外，其余的种类均处于濒危的状态。据调查，保护区内现存大熊猫数量仅 23 只，其中繁殖期个体约占总数的 60％，繁殖前期和后期个体分别占总数的 20％左右，属于稳定型种群，但由于该种群基数太小，任何轻微的干扰都可能导致其灭绝。区内川金丝猴数量为 30~40 只，一般在每年初夏由平武小河区迁来，秋季寒冷时又迁回平武。20 世纪 80 年代初，岩羊在区内的数量较多，甚至能见到上百只一群的。而如今，据访问最多能见到二十余只一群的，数量锐减。如果说还偶尔能见到林麝、马麝的踪迹外，两种豹类及马鹿等则已多年不见，由此可见加强区内的动物多样性保护的迫切性。

4.4　保护区的可利用资源

　　黄龙自然保护区核心区域为黄龙国家级风景名胜区，也是保护区对外开放的主要窗口，以雪宝顶雪山为核心，松州古城为后盾，是集松潘县境内涪江流域和岷江上源所有的自然、人文景观于一体的自然保护区。保护区成立于 1983 年，1992 年被联合国教科文组织列入《世界遗产名录》，2001 年被认定为世界生物圈保护区。保护区常年湿润寒冷，植被和物种丰富，自然资源十分丰富，其中可利用资源也非常丰富。

　　(1)水资源。保护区内最高点雪宝顶海拔 5588m，山顶常年积雪，共有 8 条小型现代冰川发育，分别汇入岷江和涪江流域。其中最大冰川为雪宝顶冰川，其长度约为 1.5km，面积 1.2km²，冰储量约为 0.044km³。其他 7 条冰川长度为 0.4~1.3km，面积仅为 0.09~0.28km²。以上 8 条冰川都是小型的悬冰川或冰斗冰川，虽然规模不大，可是在地域分布及黄龙景区的形成演替组合中，它们作用特殊，独秀一方，是其他大中型冰川所不可取代的。在山地地貌形态组合中，从雪宝顶至观音岩峡的谷底地带，水平距离仅数千米，相对高差却高达 3800m。高差产生景，雪宝顶冰川功不可没。

　　雪宝顶冰川虽小，却作用巨大，其如同一座天然的固态水塔，为区内各种动植物提供水源润养的同时，也为非生物的自然景观地貌的形成提供了稳定的水化学和水动力资源，如为森林植被生长繁衍提供水源保证、为钙化泉五彩池提供稳定的冰川融水等。雪宝顶是整个保护区的核心，具有不可或缺的作用。此外，保护区内溪流均源于岷山东麓，汇入涪江，为涪江的主要集水区。对涪江的水源调节及其上游的农业气候均有一定影响，也可起到对嘉陵江、长江的水源调剂作用。

　　(2)旅游资源。黄龙的钙化泉池在同一景区内集中了三个世界之最，闻名世界：世界上钙化泉池分布最多的景区，泉池数量达一千多个；世界上最长的钙化沟谷，长达 3.6km，覆盖整个黄龙沟谷；世界规模最大的钙化滩，长 1.3km，宽

100~130m的饵状钙化滩将五彩池和上下游的钙化瀑布连为一整体。区内与彩池相映成趣的黄龙古寺周边布满了长期自然历史作用下形成的石钟乳河槽、梯池、台地等。古寺、彩池、溶洞构成了一道秀丽独特的风景线，是世界上罕见的奇景。

谷中以富含碳酸盐的岩类为主，出自岩隙的流水中含丰富的碳酸钙离子，沿谷底沉积一层乳黄色、白色、浅绿色、褐色的石灰质钙化，并随坡、槽、塍、函凝脂结乳，塑成五千多米长的石钟乳河槽、梯池、台地。据悉地质学上的灰华运动多见于岩溶地貌的溶洞中，而出露于地表并发育完整则可能为我国所独有。池内生长着翠绿、果绿、鹅黄、靛青等各色藻类植物，形成了形状大小不一、样式各异的彩池，池水或深或浅，深者数尺，浅者寸余，但无一不是清澈见底，在阳光下泛着粼粼波光，五彩缤纷(图4-6)。远处终年积雪的雪宝顶峰与池中的倒影交相辉映，美不胜收。池埂上生长有杜鹃、柳丛、冷杉等植物，池水沿池壁溢出，形成无数小的层叠瀑布，千层碧水，确有其金沙走黄龙之意境。同时保护区内还有雪山、冰川、森林、云海、珍稀动物、奇花异草、古树名木……移步换景，步步是景，极大地丰富了保护区旅游景观资源，吸引了各地游客络绎不绝前来游玩，极大地提升了当地旅游经济水平。

图4-6　黄龙五彩池

(3)动植物资源。保护区内动植物南北融合，种类繁多，物种丰富。区内有国家保护植物，如铁杉、水青树、红豆杉、四川红杉、连香树等，还有中国特有或区内特有的植物，如厚朴、密枝圆柏、麦吊云杉、松潘权子柏等。保护区内云杉、冷杉属植物种类多，名贵林木目不暇接、数不胜数，特别是分布广泛的箭竹，是大熊猫栖息的良好场所。

保护区内珍稀动物种类丰富，有国家一、二级保护动物三十余种。其中属我国特有的动物有大熊猫、川金丝猴、扭角羚等，以及仅分布于横断山脉的胸腺齿突蟾等。区内山脉与河谷为南北走向，夏季暖湿气流沿河谷深入，有利于南方动物群向北、向高处分布，南北动物混杂现象明显。

保护区内丰富的动植物资源可以作为某些野生动植物（特别是国家保护的珍稀物种）的遗传资源原地基因库，并为相关科学研究和野生动植物保护提供强有力的支持。

第5章 生物多样性数据库设计

保持生物的多样性对于维持整个生态系统的稳定具有决定性作用。生物多样性价值包括直接价值和间接价值，其直接价值如食物、药物、生活用品和工业原料等为人们所熟知，而后者常被忽视。事实上，生物多样性的间接价值远远大于其直接价值。相似的是，生态系统服务功能价值评估也存在很大差异，但有一点共识：生物多样性价值巨大。尤其黄龙自然保护区内动植物资源丰富，且是大熊猫、川金丝猴等珍稀动物的分布区域。因此，构建黄龙地区多样性数据库十分重要。

5.1 数据库技术介绍

为了对数据进行高效管理和使用，一般需要将采集到的数据按照统一的格式进行存储和读取，因此，数据库技术的应用必不可少，在21世纪伊始便受到了地理信息工作者的广泛关注。

定义数据库管理系统之前，必须首先定义这种系统的基本成分——数据库，一个数据库有四个主要成分：数据、联系（relationship）、约束（constraint）和模式（schema）。数据是所存储的逻辑实体在计算机中的二进制表示；联系表示数据项之间的某种对应；约束是定义正确数据状态的断言；模式描述数据库中数据的组织和联系。

模式为数据库管理系统各个组成部分的使用和应用的安全定义数据库的各种视图。模式将数据存储的物理外表与逻辑表示分开。内部模式定义数据在物理数据存储区中如何组织及放在何处；概念模式按照适当的数据库数据模型（如关系模型或对象模型）定义所存储数据的结构；外部模式为特定用户定义数据库的一个或多个视图。数据库管理系统为访问数据库提供服务，同时维护存储数据所要求的正确性和一致性。

在数据库管理系统中，运行的工作单元是事务（transaction）单元，在此之上定义了一致性和正确性。事务应该支持 ACID 属性。ACID 属性包括：事务运行的原子性（atomic）、一致性（consistent）、独立性（isolation）和事务执行的持久性（durability）。

　　(1)原子性确保事务被当成一个不可分割(all-or-nothing，要么全做，要么根本不做)的操作单元处理。

　　(2)事务操作的一致性确保数据库从原来的一致性状态正确转移到一个新的一致性状态，此处的一致性由数据库中数据项上的谓词定义。

　　(3)事务的独立属性定义了允许它们可见什么。一个被孤立的事务只"看到"数据库的一个视图，就好像事务是单独在数据库上执行一样。

　　(4)持久性属性确保一旦提交了一个事务，其结果就持久存在且不能从数据库中消除。

　　关系数据库是由一组随时间变化的，而且有各种度的规范化关系所组成。关系数据库有型与值之分。其型是关系数据库模式，其值就是关系数据库内容。型是相对固定的，而值是随时间变化的。一个关系的属性名表，即

$$R(A_1, A_2, \cdots, A_n)$$

叫作关系模式，其中 R 为关系名，A_i 为属性名($i=1,2,\cdots,n$)。

　　关系模式就是关系框架，相当于记录格式。它用来对关系结构进行描述，记为 $R(U)$，其中 U 为属性集($A_1, A_2, \cdots, A_n$)。

　　考虑关系模式所描述的实体或实体间联系存在的各种约束(如同性的取值范围、属性间存在的依赖关系等)，也应当反映到模式中去。因此，在关系理论研究中，关系模式应当表示成如下形式：

$$R(U, D, \mathrm{DOM}, F)$$

其中，R 为关系名；U 为一组属性；D 为域，是属性所来自的域；DOM 为属性列和域的映射；F 为属性组 U 中属性间的依赖关系。由于 D 和 DOM 对模式设计关系不大，可把关系模式表示为

$$R(U, F)$$

　　关系数据库模式是一组表示属性间的依赖关系的数据库模式，它是对关系数据库结构的描述。关系数据库模式是用关系数据描述语言(data definition language，DDL)来定义的。关系数据库模式包括对属性域的说明和相对每个关系模式的说明。域说明包括域名、类型长度，关系模式说明包括关系名、属性名表、主键、属性向域的映像等。

　　在关系数据库系统中，通常习惯于把关系叫作文件，把元组叫作记录，把属性叫作字段。记录和字段都有型与值之分。关系数据库数据操纵语言包括数据查询、存储操作和聚合运算。其中，数据查询是重要组成部分，它标志着语言的基本特征。由于建立的数学基础不同，形成不同形式的数据操纵语言。

　　关系运算分为两大类：关系代数和关系演算。关系演算又分为元组关系运算和域关系演算。这些抽象的查询虽然在现有的实际系统中还没有全部实现，但是

它们可作为实际系统所使用的数据操纵语言评价的标准。关系代数、元组关系演算和域关系演算，三者对于有限关系来说，在表达能力上彼此间是等价的。

5.2 空间数据库技术

5.2.1 空间数据引擎

空间数据引擎是一个使空间数据可在工业标准的数据库管理系统中存储、管理和快速查询检索的客户/服务器软件，这些工业标准的数据库管理系统包括Oracle，Microsoft SQL Server，Sybase，IBM DB2 及 Informix 等，空间数据在数据库中大都以二进制存储。空间数据引擎的工作原理就是把用户对空间数据的操作解释为 SQL（structured query language）语句并传输到大型关系数据库的SQL 引擎，当数据库管理系统（database management system，DBMS）处理完SQL 语句后，将结果解释后返回给用户，显然，它完成的是一个中间件的工作，这个中间件使得空间数据在后台数据库中的存储和操作透明化，而对用户仍保持了传统上的操作界面。空间数据引擎的体系结构如图 5-1 所示。

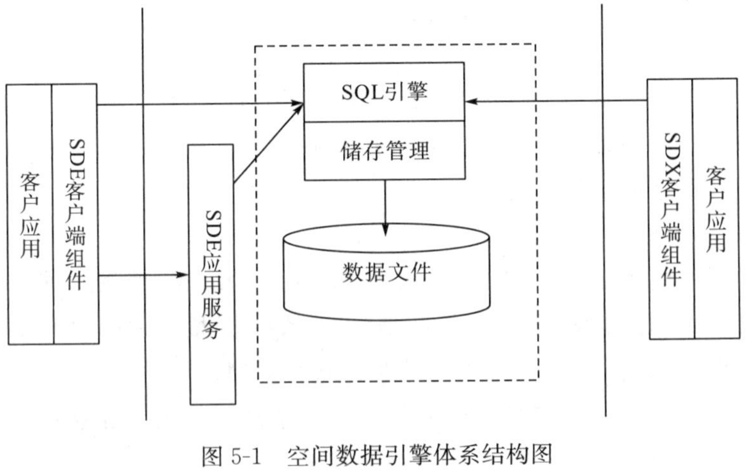

图 5-1　空间数据引擎体系结构图

5.2.2 系统数据库平台：SQL Server 2008

微软的 SQL Server 是一个大型的关系数据库系统，它为在复杂环境下有效地实现商业应用提供了一个强有力的客户/服务器平台。它结合 MS Windows 操作系统的能力，提供了一个安全、可扩展、易管理、高端性能的客户/服务器数据库平台。

作为一个多层的客户/服务器数据库系统，SQL Server 数据库驻留在一个中央计算机中，该计算机被称为服务器。用户通过客户机的应用程序来访问服务器的数据库，在被允许访问数据库之前，SQL Server 首先对来访的用户请求进行安全验证，验证通过后才处理请求，并将处理的结果返回给客户机应用程序。这种处理方式也是大多数客户/服务器系统所采用的，即客户机向服务器提出请求，服务器分析处理请求，并将结果返回给客户机。

SQL Server 2008 在 SQL Server 2005 版的基础上进行了扩展，它的可靠性和易用性都得到了增强，并增加了一些新的功能，已成为数据仓库和电子商务应用软件的数据库平台。

微软公司在 1988 年推出了 SQL Server 的第 1 个版本。该版本是为 OS2 操作系统平台设计的，由微软和 Sybase 开发。1995 年，微软公司发布了 SQL Server 6.0 版，该版本是 SQL Server 核心技术的改进版，它极大地改善了数据库的性能，并提供了内置的复制功能，实现了中央管理。1996 年，微软又发布了 SQL Server 6.5 版，该版本对其以前版本中存在的问题进行了改善，并提供了若干新的功能。1997 年，微软公司推出了 SQL Server 6.5 企业版。1998 年，微软公司发布了 SQL Server 8.0 版，对数据库引擎进行了优化。2000 年，微软公司推出 SQL Server 2000 版本，该版本是建立在 SQL Server 8.0 的基础上的新一代产品，在性能、易用性和功能等方面继续处于领先地位，它的推出为电子商务和数据仓库的普及提供了新的动力。

SQL Server 2000 的版本包括企业版、标准版、个人版、开发版和用于测试的评估版。与 SQL Server 8.0 相比，SQL Server 2000 在功能和性能上都有许多重要的改进。它的新特性包括以下几点。

(1)支持可扩展标记语言(extensible markup language，XML)：XML 技术正在成为业务通信和共享信息处理技术的标准。SQL Server 2000 全面支持现行的 XML。在 SQL Server 2000 下，对于 XML 的建立和访问都容易实现。一旦 XML 开始运行，就可以把该 XML 存储在一个表中并可通过 SQL 事务处理语句束查询该 XML 数据。甚至可以通过一个 SQL 语句来把 XML 数据与关系数据库相连接。

(2)支持多实例：对多实例的支持可以使 SQL Server 2000 引擎的副本运行在同一台机器上，微软公司在这个方面第一次赶上了 Qracle 公司的产品。该项技术的实现使得可以把多种环境(如开发、测试和应用系统)集合在一个平台运行。此外，该技术还使得 ASP(application service provider)和 ISP(Internet service provider)可以把多种不同应用配置在一台主机上。

(3)改进的数据仓库及智能化业务：微软公司通过 SQL Server 2000 及其分析服务程序不断地强化这一功能。SQL Server 2000 中还包括了数据提炼工具，并支持与 Web 有关的分析。

(4)支持微软 Windows 2000 操作系统：SQL Server 2000 是与 Windows 2000 操作系统紧密集成的软件，它可以自动地在活动目录中进行注册。除了实现一般功能外，该功能还便于管理人员在网络中查找 SQL Server 2000 服务器，并直接从活动目录服务下对数据库进行管理。SQL Server 2000 还可以通过安全机制来与 Windows 2000 集成。更重要的是，SQL Server 2000 直接利用了 Windows 2000 操作系统内部的先进功能。在同时运行 Windows 2000 数据中心和 SQL Server 2000 企业版时，可以自动支持多达 32 个处理器和 64GB 存储器。

(5)改进的性能和可扩展性：SQL Server 2000 在基于 Intel 的系统上不断地创造新的性能纪录，它是第一个可以把数据层跨越多个服务器进行分配的产品。这项新技术是通过分布的分区视图(该视图可使数据负载跨越多个服务器进行分配)实现的。分布分区视图是微软缩放战略的关键组件技术。

(6)改进的向导界面：SQL Server 2000 提供了两个功能强大的向导——数据复制向导和日志转移向导。数据复制向导可自动执行复制数据库的操作步骤。这种功能在建立测试环境、移动数据库和共享数据库等操作中非常有用。日志转移向导的功能可自动实现日志转移。使用该向导可把事务日志复制并转移到备用服务器中。

(7)改进的查询分析器：查询分析器是高效的分析工具，SQL Server 2000 实现了集成化的调试器、对象浏览器及对象查找等新的特点。

(8)改进的数据传输系统(data transmission system，DTS)：改进的 DTS 保留了主关键字和外部键的限制。这种限制在对其他关系数据库管理系统(relational database management system，RDBMS)的数据库表进行移植时非常有用。一个 DTS 包还可以作为一个 VB 对象来存档。如果把该包加入到 Source Safe 中的话，则就可以对自己的 DTS 包进行版本控制。

5.3　数据库外部设计

5.3.1　标识符和状态

标识符：参照中国测绘科学研究院起草的《地图信息分类与编类和编码的建议》专题部分，同时根据项目实际分类，进行扩展制定。

原代码格式(六位代码)：

$$\times \quad\quad \times \quad\quad \times\times \quad\quad\quad \times\times$$

一级代码　二级代码　三级代码　　四级代码

扩展代码(六位代码)：

$$\times \quad\quad \times\times \quad\quad \times\times\times$$

大类码　小类码　一级代码

编制临时分类和代码遵循国家自然地图数据库信息分类与编码体系原则，即科学性、系统性、稳定性、不受比例尺限制、兼容性、完整性、可扩充性、适用性和灵活性原则，并尽量与国际相关标准接轨。

5.3.2　约定

为方便用户使用习惯，本数据库各表单采用如下命名规则：

(1)图形数据。

(2)属性数据。

(3)管理数据。

5.4　数据库结构设计

5.4.1　概念结构

1. 设计原则

在"数字黄龙平台系统数据库"设计中，遵循如下原则。

(1)数据库中数据必须是高度结构化。保证数据的结构化、规范化是建立数据库和进行信息交换的基础，数据库结构的设计遵循相关国家标准和行业标准。

(2)数据库中数据必须具有共享性。在信息系统中相当多的数据是面向系统的多用户和多应用，数据库中的数据应满足多用户和多任务的信息共享。

(3)数据库中数据必须具有独立性。在使用数据库时，应用程序对数据的存储结构有较高的独立性要求，即当数据的存储结构或逻辑结构发生变化时，尽量保持应用程序不变。

(4)数据库必须保证数据的安全性、完整性和并发操作控制。在信息系统中安全性控制是为了防止数据非法访问，完整性控制是为了保证数据的正确性、有效性和一致性，并发控制是指在多个用户同时存取同一数据的情况下应采取的控制措施。

2. 设计原理

采用空间数据和属性数据集成化存储的面向对象－关系数据库模型。

关系型数据库是目前应用最广泛的数据管理系统，在面向对象的开发中也仍然是大部分系统的首选方案。对象－关系映射的基本思想是用面向对象数据模型（OO 模型）解决数据表达的问题；以关系模型实现数据库底层功能，如图 5-2 所示。

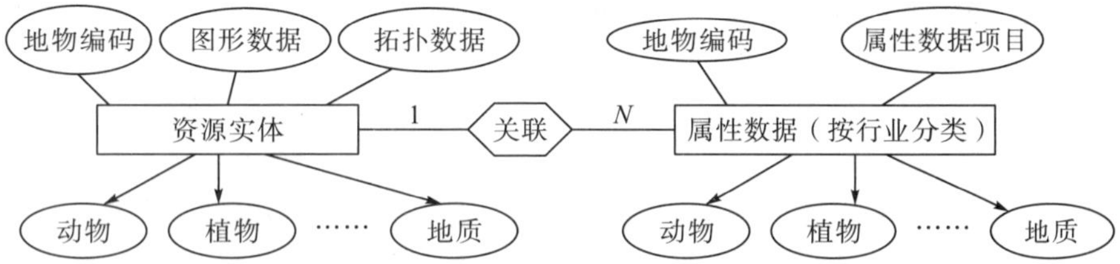

图 5-2　系统数据库扩展实体－关系模型（extended entity-relationship，EER）图

3. 对象－关系数据库实现策略

用关系数据库存放对象的基本策略是：把由每个类直接定义并需要永久存储的全部对象实例存放在一个数据库表中。每个这样的类对应一个数据库表，经过规范化之后的类的每个属性对应数据库表的一个属性（列），类的每个对象实例对应数据库表中的一个元组（行）。在本数据库中将每一类独立地理实体作为一个类，对应一个数据库表，如"动物"类、"植物"类等。

关系数据库要求存入其中的数据符合一定的规范，并且用范式来衡量规范化程度的高低。最低的要求是满足第一范式，这是作为一个数据库的表（关系）必须满足的条件。更高程度的规范化主要是为了消除更新异常（在数据更新时丢失某些有意义的信息）和减少数据冗余。但是规范化要付出一定的代价：一是规范化之后的数据格式对问题域的事务特征及其逻辑关系的映射不像规范化之前那么直接，这可能会影响系统的可理解性；二是第二范式或高于第二范式的规范化通常要增加表的数量，并在使用这些表时增加了多表查询和连接操作，从而增加了运行时的开销。因此，并非规范化程度越高越好，而是要根据系统的实际情况，权衡性能、存储空间等各种因素，确定合理的规范化目标。面向对象方法与关系数据库的规范化目标既有相违背的一面，又有相符合的一面。从数据模型的角度看，面向对象数据模型允许对象属性是任何数据类型，这使得对象的数据结构连第一范式（1NF）的要求都不能满足。另外，面向对象方法强调以对象为中心来分析、认识问题并且以对象为单位组织系统的数据与操作,这一点恰恰有助于达到第二范式(2NF)、第三范式(3NF)、Boyce-Codd 范式(BCNF)和第四范式(4NF)所要求的条件。

5.4.2　逻辑结构

数据库表单按前述命名约定及功能划分为三类——图形图像数据表单、属性数据表单、管理表单,按模块化设计原则,各自独立成表。图 5-3 为黄龙地区空间数据库与属性库逻辑关系图。

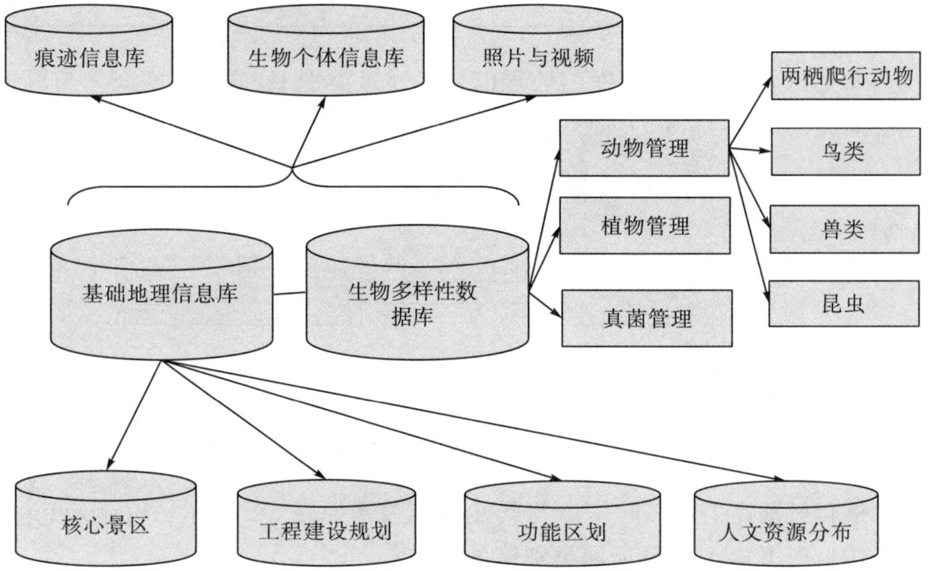

图 5-3　空间数据库与属性库逻辑关系图

生物多样性数据库包括:动物管理、植物管理、真菌管理等数据库。数据库逻辑关系如图 5-4 所示。

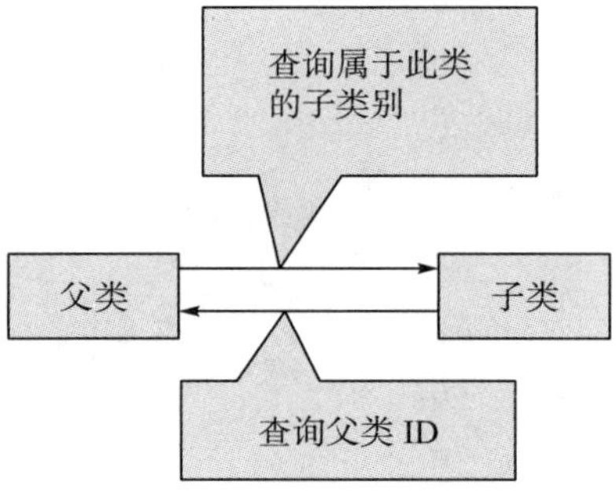

图 5-4　生物类库逻辑关系图

两栖爬行动物类别表如表 5-1 所示。

表 5-1　两栖爬行动物类别表

序号	列名	数据类型	长度	小数位	标识	主键	外键	允许空	默认值	说明
1	中文名称	nvarchar	50	0				是		
2	拉丁文	nvarchar	100	0				是		
3	海拔	nvarchar	100	0				是		
4	区域	nvarchar	50	0				是		
5	数量状况	nvarchar	50	0				是		
6	ParentID	float	8	0				是		
7	ID	float	8	0				是		

黄龙生物类别数据属性库与地理信息库通过类别 ID 联系，空间库与属性库通过空间关系访问（图 5-5）。

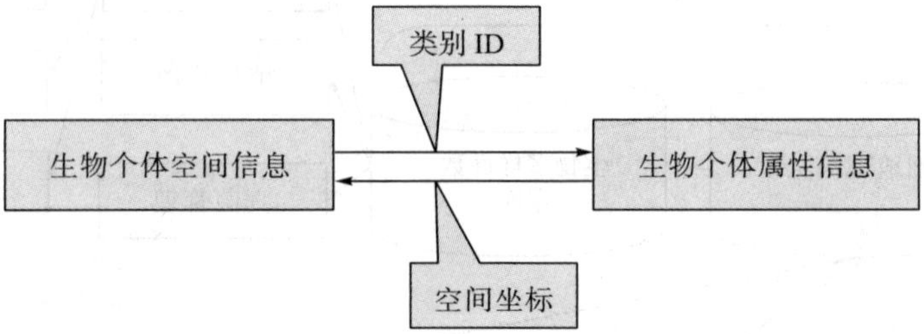

图 5-5　类别数据属性库与地理信息库逻辑关系图

两栖爬行动物个体空间信息与属性信息关系如表 5-2 所示，FeatureID 表示生物个体地理 ID，且存储所属类别信息。

表 5-2　两栖爬行动物个体信息表

序号	列名	数据类型	长度	小数位	标识	主键	外键	允许空	默认值	说明
1	FeatureID	int	4	0				是		地物 ID
2	ParentID	int	4	0				是		父 ID
3	ID	int	4	0				是		本类 ID
4	InputMan	nchar	50	0				是		录入者
5	InputTime	nchar	50	0				是		录入时间
6	ProtectLevel	nchar	10	0				是		保护级别
7	BelongHL	nchar	10	0				是		是否黄龙特有
8	Remark	nchar	500	0				是		备注
9	Address	nchar	1000	0				是		痕迹地址
12	Gid	int	4	0	是			否		表中唯一标示

生物类别库与照片、视频库通过类别 ID 管理，如图 5-6 所示。

图 5-6　生物类别库与照片、视频库逻辑关系图

两栖爬行动物照片表如表 5-3 所示。

表 5-3　两栖爬行动物照片表

序号	列名	数据类型	长度	小数位	标识	主键	外键	允许空	默认值	说明
1	ID	int	4	0	是			否		
2	InputTime	char	50					是		拍摄时间
3	Description	char	30	0				是		描述
4	ClassID	int	4	0				否		类别 ID
5	Address	nchar	1000					否		地点
6	InputMan	nchar	50	0				是		录入人
7	ProtectLeve	char	10	0				是		保护级别

5.5　数据库详细设计

黄龙生物多样性数据库包括动物管理、植物管理、真菌管理等数据库。具体分为：动物数据库（两栖爬行动物、鸟类、兽类等）、植物数据库（野生植物库、药用植物库等）、真菌库等，生物多样性数据库主要是记录各个生物的基本信息，如所属类别、分布区域、保护级别等。

5.5.1　生物多样性数据库

两栖爬行动物数据库属性结构见表 5-4。

表 5-4　两栖爬行动物数据库属性结构

序号	列名	数据类型	长度	小数位	标识	主键	外键	允许空	默认值	说明
1	中文名称	nvarchar	50					是		
2	拉丁文	nvarchar	100	0				是		
3	海拔	nvarchar	100	0				是		

续表

序号	列名	数据类型	长度	小数位	标识	主键	外键	允许空	默认值	说明
4	区域	nvarchar	50	0				是		
5	数量状况	nvarchar	50	0				是		
6	ParentID	float	8	0				是		
7	ID	float	8	0				是		

包括：中文名称、拉丁文、海拔、区域、数量状况、ParentID、ID。

鸟类数据库属性结构见表 5-5。

表 5-5　鸟类数据库属性结构

序号	列名	数据类型	长度	小数位	标识	主键	外键	允许空	默认值	说明
1	中文名称	nvarchar	50	0				是		
2	拉丁文	nvarchar	100	0				是		
3	水域	nvarchar	50	0				是		
4	森林灌丛	nvarchar	50	0				是		
5	草甸	nvarchar	50	0				是		
6	古北界	nvarchar	50	0				是		
7	东洋界	nvarchar	50	0				是		
8	广布	nvarchar	50	0				是		
9	居留类型	nvarchar	100	0				是		
10	分布型	nvarchar	100	0				是		
11	ParentID	float	8	0				是		
12	ID	float	8	0				是		

包括：中文名称、拉丁文、分布区域（水域、森林灌丛、草甸、古北界、东洋界等）、广布、居留类型、分布型、ParentID、ID。

兽类数据库属性结构见表 5-6。

表 5-6　兽类数据库属性结构

序号	列名	数据类型	长度	小数位	标识	主键	外键	允许空	默认值	说明
1	中文名称	nvarchar	50	0				是		
2	拉丁文	nvarchar	100	0				是		
3	区系	nvarchar	50	0				是		
4	保护级别	nvarchar	50	0				是		
5	栖息环境	nvarchar	50	0				是		
6	信息来源	nvarchar	100	0				是		

续表

序号	列名	数据类型	长度	小数位	标识	主键	外键	允许空	默认值	说明
7	数量	int	4	0				是		
8	ParentID	int	4	0				是		
9	ID	int	4	0				是		

包括：中文名称、拉丁文、区系、保护级别、栖息环境、信息来源、数量、ParentID、ID。

植物数据库属性结构见表 5-7。

表 5-7　植物数据库属性结构

序号	列名	数据类型	长度	小数位	标识	主键	外键	允许空	默认值	说明
1	中文名称	nvarchar	50	0				是		
2	英文名称	nvarchar	100	0				是		
3	ParentID	int	4	0				是		
4	ID	int	4	0				是		

包括：中文名称、英文名称、ParentID、ID。

野生植物数据库属性结构见表 5-8。

表 5-8　野生植物数据库属性结构

序号	列名	数据类型	长度	小数位	标识	主键	外键	允许空	默认值	说明
1	中文名称	nvarchar	255	0				是		
2	野生植物介绍	nvarchar	255	0				是		
3	ParentID	int	4	0				是		
4	ID	int	4	0				是		

包括：中文名称、野生植物介绍、ParentID、ID。

昆虫数据库属性结构见表 5-9。

表 5-9　昆虫数据库属性结构

序号	列名	数据类型	长度	小数位	标识	主键	外键	允许空	默认值	说明
1	中文名称	nvarchar	50	0				是		
2	学名	nvarchar	100	0				是		
3	ParentID	float	8	0				是		
4	ID	float	8	0				是		

包括：中文名称、学名、ParentID、ID。

真菌数据库属性结构见表 5-10。

表 5-10　真菌数据库属性结构

序号	列名	数据类型	长度	小数位	标识	主键	外键	允许空	默认值	说明
1	中文名称	nvarchar	50	0				是		
2	拉丁名	nvarchar	100	0				是		
3	食菌	nvarchar	50	0				是		
4	驯化	nvarchar	50	0				是		
5	药用	nvarchar	50	0				是		
6	抗癌	nvarchar	50	0				是		
7	毒菌	nvarchar	50	0				是		
8	菌根菌	nvarchar	50	0				是		
9	木腐菌	nvarchar	50	0				是		
10	ParentID	int	4	0				是		
11	ID	int	4	0				是		

包括：中文名称、拉丁名、食菌、驯化、药用、抗癌、菌类类型（毒菌、菌根菌、木腐菌等）、ParentID、ID。

5.5.2　野外大熊猫种群状况监测记录数据库

此数据库用来记录野外监测大熊猫状况明细表，通过数据库的方式存储监测记录，包括每次监测获取到的痕迹。通过地理信息技术结合数据记录，分析黄龙地区野外大熊猫分布状况及生存环境。数据库主要包括实体表、尸体表、粪便表、其他痕迹表、位置表、立地表、生境表、竹子状况等，记录了大熊猫野外种群状况、大熊猫栖息地植被和竹子状况、大熊猫及其栖息地受干扰状况、大熊猫及其栖息地保护管理状况、大熊猫栖息地周边社区社会经济状况、大熊猫圈养状况等信息。

其中，位置表记录了发现大熊猫痕迹的空间信息，通过此表可生成监测记录地理信息图层。空间数据与属性数据通过记录编码联系（图 5-7）。

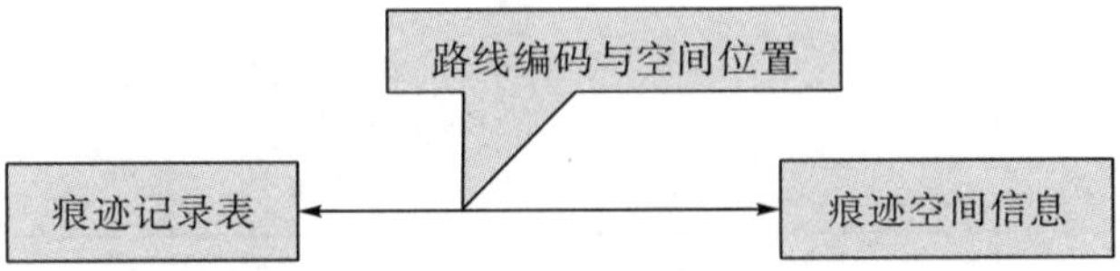

图 5-7　痕迹记录空间数据与属性数据逻辑关系图

大熊猫野外监测记录表如表 5-11～表 5-19 所示。

表 5-11　HJWeiZhi（位置表）

序号	列名	数据类型	长度	小数位	标识	主键	外键	允许空	默认值	说明
1	YangXianIDXH	int	4	0		是		否		位置表 ID
2	DaDiMing	text	16	0				是		
3	XiaoDiMing	text	16	0				是		
4	DiLiZuoBiaoX	double	30	0				是		
5	DiLiZuoBiaoY	double	30	0				是		
6	HaiBaGaoDu	decimal	9	0				是		

表 5-12　HJdead＿body（痕迹尸体表）

序号	列名	数据类型	长度	小数位	标识	主键	外键	允许空	默认值	说明
1	YangXianIDXH	int	4	0		是		否		
2	ShuLiang	int	4	0				是		
3	YouTiSL	int	4	0				是		
4	YaChengTiSL	int	4	0				是		
5	ChengTiHeLaoNianTiSL	int	4	0				是		
6	SiWangYS	int	4	0				是		
7	KeNengSiWangYY	text	16	0				是		
8	BeiZhu	text	16	0				是		

表 5-13　HJFenBian（痕迹粪便表）

序号	列名	数据类型	长度	小数位	标识	主键	外键	允许空	默认值	说明
1	YangXianIDXH	int	4	0		是		否		痕迹粪便表
2	ShuLiang	int	4	0				是		
3	XinXiangCD	char	20	0				是		
4	JuJiaoCD	char	20	0				是		
5	ZuCheng	char	50	0				是		
6	BeiZhu	text	16	0				是		

表 5-14　HJLiDi（立地表）

序号	列名	数据类型	长度	小数位	标识	主键	外键	允许空	默认值	说明
1	YangXianIDXH	int	4	0		是		否		立地 ID
2	DiMao	char	10	0				是		
3	PoDu	text	16	0				是		
4	PoXiang	char	10	0				是		
5	PoWei	char	10	0				是		

表 5-15　HJQiTaHenJi（其他痕迹表）

序号	列名	数据类型	长度	小数位	标识	主键	外键	允许空	默认值	说明
1	YangXianIDXH	int	4	0		是		否		其他痕迹
2	HengJiLeiXing	char	20	0				是		
3	BeiZhu	text	16	0				是		

表 5-16　HJShengJing（生境数据表）

序号	列名	数据类型	长度	小数位	标识	主键	外键	允许空	默认值	说明
1	YangXianIDXH	int	4	0		是		否		生境数据表
2	ShengJingLX	char	200	0				是		
3	SenLinQiYuan	char	10	0				是		
4	TianRanLinZRD	text	16	0				是		
5	QiaoMuCenYBD	text	16	0				是		
6	GuanMuCenGD	text	16	0				是		
8	Beizhu	text	16	0				是		

表 5-17　HJShiTi（痕迹实体表）

序号	列名	数据类型	长度	小数位	标识	主键	外键	允许空	默认值	说明
1	YangXianIDXH	int	4	0		是		否		痕迹实体表
2	ShuLiang	int	4	0				是		
3	YouTiSL	int	4	0				是		
4	YaChengTiSL	int	4	0				是		
5	ChengTiHeLaoNianTiSL	int	4	0				是		
6	BeiZhu	text	16	0				是		

表 5-18　HJTouBiao（痕迹表主表）

序号	列名	数据类型	长度	小数位	标识	主键	外键	允许空	默认值	说明
1	YangXianIDXH	int	4	0	是	是		否		痕迹表表头内部 ID 号码
2	YangXianHao	nchar	20	0				否		
3	TianQi	nchar	10	0				是		
4	BiaoGeXuHao	int	4	0				否		
5	RiQi	smalldatetime	4	0				否		

表 5-19　HJZhuzi（竹子状况表）

序号	列名	数据类型	长度	小数位	标识	主键	外键	允许空	默认值	说明
1	YangXianIDXH	int	4	0		是		否		
2	ZhonLei	text	16	0				是		
3	KaiHuaQK	char	50	0				是		
4	KuSiQK	char	50	0				是		
5	ZhuLinGD	text	16	0				是		
6	ZhuLinPingJunGD	char	50	0				是		
7	ShengZhangZK	text	16	0				是		
8	GengXinZK	text	16	0				是		

由上述 9 个表可构造大熊猫野外监测记录表，如表 5-20 所示。

表 5-20　大熊猫野外监测记录表

样线号：　　　　　　天气：　　　　　　填表时间：

1. 实体	数量　　只	年龄结构：□幼体□只；□亚成体□只；□成体和老年个体□只	备注：
2. 尸体	数量　　只	年龄结构：□幼体□只；□亚成体□只；□成体和老年个体□只	备注：
	死亡大约有　个月	可能的死亡原因：	
3. 粪便	数量　　团	新鲜程度：□新鲜（1~7 天）；□较新鲜（8~15 天）；□不新鲜（16 天以上）	咀嚼程度：□细；□中；□粗
	组成：□茎；□叶；□笋；□茎叶；□茎笋；□叶笋；□茎叶笋；□其他		备注：
4. 其他痕迹	类型：□食迹；□足迹；□卧迹；□爪痕；□其他	备注：	
5. 位置	大地名：　　；小地名：　　；地理坐标：　　；海拔：　　米		

6. 立地	地貌：□高山；□中山；□低山	坡度：□0°～5°；□6°～15°；□16°～25°；□26°～35°；□36°～45°；□≥46°	
	坡向：□东；□西；□南；□北；□东北；□东南；□西北；□西南；□无		坡位：□脊；□上；□中；□下；□谷；□平地
7. 生境	类型：□寒温性针叶林；□温性针叶林；□温性针阔叶混交林；□暖性针叶林；□落叶阔叶林；□常绿、落叶阔叶混交林		
	□常绿阔叶林；□硬叶常绿阔叶林；□竹林；□常绿针叶灌丛；□常绿革叶灌丛；□落叶阔叶灌丛；□常绿阔叶灌丛		
	□灌草丛；□草甸；□山地人工林；□农田；□其他		备注：
	森林起源：□天然林；□人工林；□飞播林	天然林自然度：□原始或受人为影响很小；□有明显人为干扰；□人为干扰很大	
	乔木层郁闭度：□≥0.70；□0.40～0.69；□0.20～0.39；□<0.20	灌木层盖度：□≥70%；□50%～69%；□30%～49%；□<30%	
8. 竹子	种类：	开花情况：□无；□零星开花；□连片开花	枯死情况：□无；□零星枯死；□连片枯死
	竹林盖度：□≥70%；□50%～69%；□30%～49%；□<30%	竹林平均高度（米）：□0～1；□1～2；□2～3；□3～5；□>5	
	生长状况（看活竹所占比例）：□≥70%；□50%～69%；□<50%	更新状况：实生苗占□%；一年生活竹林□%；两年生及以上活竹林占□%	

通过分析生物数据库、照片资料库与野外监测数据库，构建了黄龙地区生物多样性数据库基础，实现了资料的数字化管理。

第 6 章　GIS 开发技术与方法

6.1　GIS 常用开发技术

6.1.1　GIS 平台：ArcGIS

　　ArcGIS 是美国 ESRI 公司出品的一款功能强大的 GIS 平台软件，其最常用的版本为 ArcGIS 9，它是 ESRI 公司在 ArcGIS 8 的基础之上推出的全新的 GIS 平台，是一个采用组件式开发技术来构建完整 GIS 软件产品的集合。ArcGIS 的基本体系能够让用户在任何需要的地方部署 GIS 功能和业务逻辑，无论是在桌面、服务器、网络还是在野外。

　　ArcGIS 9 采用组件式开发技术，其基本体系包含了一系列部署 GIS 的框架，构成一个完整的 GIS 软件合集。

　　Arc Engine：一种适用于开发人员的嵌入式开发组件，主要用于定制开发 GIS 相关应用。

　　服务端 GIS：ArcSDE、ArcIMS 和 ArcGIS Server。

　　移动 GIS：ArcPad 为平板电脑使用的 ArcGIS Desktop 和 Arc Engine。

　　ArcGIS 的软件功能主要是通过其通用组件库在不同的软件模块中共享实现的，这些内在软件内部共享的组件被称为 ArcObjectsTM。ArcObjects 中包含了众多的涉及面宽泛的可编程组件，这些组件共同集成了功能全面的 ArcGIS 软件。在 ArcGIS 中任何建成的产品都离不开 ArcObjects，如桌面 GIS、服务端 GIS 及嵌入式 GIS 等。ArcObjects 为地理信息开发人员提供了一个应用产品开发的容器，是 ArcGIS 不可或缺的重要组成部分。

1. 桌面 GIS

　　ArcGIS Desktop 是由众多高级 GIS 应用软件模块集成的一款桌面应用，带有视窗用户界面组件，如 ArcMap、ArcTooboxTM、ArcGlobe 及 ArcCatalogTM 等。

ArcGIS Desktop 具有 ArcView、ArcEditorTM 和 ArcInfoTM 三种功能级别，每一级别功能都可以通过各自软件包中包含的 ArcGIS Desktop 开发包进行扩展和客户化。桌面 GIS 在使用 GIS 信息进行编辑、处理、设计的地理工作者中占据主导地位，他们使用 ArcGIS Desktop 作为工具来管理、共享、设计和发布地理信息。

2. 服务端 GIS

随着 ArcGIS 信息技术服务器产品标准、规范的不断完善，服务端 GIS 已经可以和 Web 服务器、数据库管理系统及其他企业级软件应用完美兼容，如 .NET、JAVA2 企业级平台(J2EE) 等企业级的应用开发框架。这些符合规范标准的数据服务格式促使 GIS 和其他的数据信息系统技术整合，促进了服务端 GIS 的发展和普及。

在 ArcGIS 9 中服务端 GIS 包含了 ArcSDE、ArcIMS 和 ArcGIS Server 三种产品，分别如下。

ArcSDE：ArcSDE 是一个位于 ArcGIS 其他软件产品和关系型数据库之间的数据服务器，是一个在多种关系型数据库管理系统中管理地理信息的高级空间数据服务器。其广泛的应用使得在跨任何网络的多个用户群体中共享空间数据库及在任意大小的数据级别中伸缩成为可能。

ArcIMS：ArcIMS 是通过开放的 Internet 协议进行 GIS 地图、数据和元数据网上发布的一种可伸缩的地图服务器，其主要作用是为 Web 上的用户提供地图服务和数据分发服务等，目前已经在众多应用中广泛部署。

ArcGIS Server：ArcGIS Server 是一个新产品，包含了 Web 框架下共享 GIS 软件对象库，其作为应用服务器，主要用于构建集中式的企业 GIS 应用和基于简单对象访问协议(simple object access protocol，SOAP)的 Web services 和 Web 应用。

3. 嵌入式 GIS

在嵌入式 GIS 中，用户可以通过增加组件的方式得到相应的 GIS 功能，使得目标用户通过简单的工具，直接集中某些方面的组件来获取专门的 GIS 功能。

在 Arc Engine 中，ESRI 还提供了一套嵌入式的 ArcGIS 组件，开发者使用它可以在桌面 GIS 应用框架之外应用 C++、.NET 及 Java 等环境，通过使用简单的接口获取任意 GIS 功能的组合来构建专门的 GIS 应用解决方案。在实际 GIS 开发项目中，开发者可以通过 Arc Engine 构建完整的客户化应用，或者在现存的应用软件中嵌入 GIS 逻辑，如在微软的 Word 或者 Excel 中、地图服务软件中、数据管理系统中等嵌入 GIS 逻辑，从而部署定制的 GIS 应用，最终得到开发项目的 GIS 解决方案。

4. 移动 GIS

移动 GIS 主要应用于野外或户外的外业数据采集、监测等工作，一般要求具有比较专一或制定的功能，不需要复杂完整的 GIS 功能，只需要相对单一的 GIS 工具和一般的 GIS 数据操作。ArcGIS 中的 ArcPad 应用能够满足这些方面的需求，为实现移动 GIS 和野外计算提供了相应的解决方案，ArcPad 移动 GIS 应用使得这些类型的工作可以在手持计算机或者平板电脑等便携设备上完成。同时，对于需要进行 GIS 数据快速分析和决策支持的野外工作任务，Arc Engine 和 ArcGIS Desktop 中也集中了这些功能，并可以在一些高端平板电脑上执行。

6.1.2　ArcGIS 的新特性

ArcGIS 基于现有版本在空间处理、3D 可视化及开发工具方面进行拓展，包括图解建模方式在内的五种空间处理方式、可进行全球三维可视化的 ArcGlobe、增强的注记管理和扩展模块 Maplex、标准的开放的空间数据库格式的发布、增强的栅格空间数据库能力⋯⋯同时将推出的，还有 ArcGIS 家族的两个最新的基于 ArcObjects 的产品：面向开发的嵌入式 ArcEngine 和面向企业用户的以"集中式管理、网络为核心、基于服务器"为特点的 ArcGIS Server，它们将支持包括 UNIX 和 Linux 在内的跨平台的解决方案。

ArcGIS 具有的新特性主要包括以下几方面。

(1)可兼容、高品质和便捷升级。ArcGIS 的一个主要目标是与现有的 GIS 平台的功能和数据模型完全兼容，使得最终用户和开发商可以很方便地对系统进行升级。同时在软件稳定性、测试、空间数据库伸缩性和栅格处理的性能方面投入了大量的精力。

(2)高级的空间处理功能。ArcGIS 推出了一种全新的空间处理(空间分析)方式。与制图和数据管理功能一样，空间处理也是 GIS 软件的基本功能之一。空间处理工具帮助用户完成高级的空间分析和频繁发生的自动化处理任务，如选址适宜性分析和合并数据集等。

(3)全球 3D GIS：ArcGloble。ArcGIS 在 3D Analyst 基础上第一次推出了全球 3D 可视化功能。该功能在一个新的名为 ArcGlobe 的 3D 桌面应用中提供。

ArcGlobe 允许用户在全球环境下叠加数据并进行地理数据的可视化显示。在综合考虑了数据获取和显示的优化及效率的基础上，ArcGlobe 提供对事实上无限地理信息的访问能力。这种对空间数据存储容量上的突破意味着 ArcGlobe 可以超越传统 2D 地图的性能更容易地、智能地处理从本地到全球不同比例的栅格、矢量和地形数据集。

ArcGIS 3D Analyst 还增加了对真实 3D 符号的支持，它提高了可视化及对真实世界的模拟能力。

（4）开放的空间数据库格式。作为 ESRI 不断推进的实现互操作性的承诺的一部分，ArcGIS 9 特别发布了一种标准的、开放的空间数据库格式。它直接利用了 XML schema 形式，提供对所有空间数据类型的访问。该"GML profile"允许用户发布数据模型并且在完全开放和互操作的环境中共享空间数据集。这极大地推动了框架及其他基础数据集的共享。

（5）增强的栅格支持。ArcGIS 特别增强了栅格数据的存储、管理、查询和可视化能力。这些增强的功能对于使用超大栅格空间数据库［上百个吉字节（GB）到太字节（TB）］的用户具有特别的意义。

ArcGIS 将推出新的用于管理、浏览和创建栅格数据的用户界面。它还将增加栅格属性及基于空间的查询和选择功能。在 ArcGIS 9 栅格数据成为空间数据库的一个重要部分，可以对栅格属性表及关联进行版本化管理，并且可以将栅格和矢量数据一起存储。

（6）新一代开发工具：ArcEngine。

（7）新一代以服务器为中心的 GIS：ArcGIS Server。

（8）平台支持。

6.2　GIS 组件式开发

进入 21 世纪，各 GIS 开发平台逐渐向组件式 GIS 发展，所谓组件式 GIS，即以某种组件对象平台为基础，采用通用的通信接口，允许跨语言应用的组件形式提供相应的地理信息数据处理、系统管理和成果输出等功能的 GIS 组件，由这些组件集成的 GIS 软件平台，具有高度的可伸缩性，且各组件间可进行拆分、裁剪、协作等操作，以满足不同的功能需要。

组件式 GIS 系统开发将 GIS 的功能进行抽象化，地理工作者使用组件的形式进行开发和利用，相比于传统的 GIS 工具，组件式 GIS 具有许多无法比拟的优点，具体如下。

1. 小巧灵活、价格便宜

在组件式 GIS 中，各组件模块都具有其对应的专业系统功能，在统一的地理信息管理系统平台下，将各功能组件进行有效连接和管理，并与数据库系统连接，保证每个组件都能进行相关数据的读取、编辑、存储等操作，以实现其模块化功能。在某一特定 GIS 系统下，保证其特定功能即可，无需将所有的组件功能全部集合在系统中，与传统的一体化 GIS 相比较，其系统小巧灵活，占用空间小，读取和运行速度快，且价格只需要根据功能进行定制，仅需传统 GIS 的几分之一，相对便宜很多，具有更高的性价比。这样，用户便能以更低的价格、更低的硬件配置获得或开发更流畅、更稳定、更具有专门针对性的 GIS 应用系统。

2. 直接嵌入管理信息系统开发工具

要采用组件式开发 GIS 系统，便对各组件的数据读取和存储格式、方法等具有严格的标准和规范，使其能够在各个主流的开发工具上使用，如 VB、VC、PowerBuilder、Delphi、Notes、Access、Foxpro 等。将这些流行的开发工具通过嵌入的方式进行系统开发，可以使 GIS 的系统功能与它们的优点进行结合，使系统充分发挥其功能并大大提升系统的适用性。相较于传统 GIS 的专门性开发环境，直接嵌入管理信息系统（management information system，MIS）开发工具是一种质的飞跃。

3. 强大的 GIS 功能

GIS 组件开发都是采用直接调用的形式在统一的系统平台上运行，每一个组件负责其专门的功能模块，且每一个组件可以单独访问数据库，通过组件间的相互调用，可以实现 GIS 系统的裁剪、拼接、叠合、缓冲区等空间处理能力和丰富的空间查询与分析能力。这些功能小小的 GIS 组件能够完全提供，所以无论是在处理大数据能力还是处理速度等方面，组件式开发 GIS 均优于传统的 GIS 开发软件。

4. 开发便捷

前文已述，GIS 组件开发可以直接嵌入 MIS 开发工具中，开发人员可以选用其对应的专门开发工具，采用自身熟悉的开发语言，大大降低了开发的难度。与此同时，GIS 组件提供的 API 形式与 MIS 工具的模式非常接近，开发人员可以像管理数据库表一样熟练地管理地图等空间数据，无须对开发人员进行特殊的培训，使得 GIS 系统开发变得十分便捷，从而大大加速 GIS 的普及和发展。

组件式 GIS 按功能可分为以下几部分。

（1）基础组件：提供基本的交互过程功能，主要进行空间数据管理等。

（2）高级通用组件：面向通用功能。

（3）行业性组件：将行业应用的特定算法抽象化，并固化到各组件中，使开发过程更加简便。

6.3　基于 ArcEngine 的 GIS 开发关键技术

　　ArcGIS 是美国环境系统研究所开发的一个全面的、完善的、可伸缩的 GIS 软件平台，是世界上使用最广泛的 GIS 软件之一。ArcGIS 与其他 GIS 软件相比具有以下特点：完善的空间数据模型；空间与非空间数据的一体化管理；支持 Microsoft 的 .NET 平台；支持多种数据格式；支持 Web GIS 应用；具有齐全、强大的空间分析和计算功能等。

　　ArcEngine 是开发人员用于建立自定义应用程序的嵌入式 GIS 组件的一个完整类库。开发人员可以使用 ArcEngine 将 GIS 功能嵌入到现有的应用程序中，也可以建立能分发给众多用户的自定义高级 GIS 系统应用程序。ArcEngine 由一个软件开发工具包和一个可以重新分发的、为所有 ArcGIS 应用程序提供平台的运行时组成。ArcEngine 由数据存取、地图表达、开发组件、基本服务和运行时选件五个部分组成。

　　ArcEngine 为辅助应用程序开发提供了地图控件、工具条控件、阅读者控件、页面布局控件、内容列表控件、场景控件、球体控件、使用工具条等控件。ArcEngine 开发人员可以将以上控件用于 ActiveX、.NET 和 Java 等开发者环境，并与其他开发控件和组件结合创建具有显示多个地图图层、地图漫游和缩放、识别地图上的要素等定制功能的应用程序。

　　基于 ArcEngine 的地理信息管理系统关键技术包括视图同步技术、图层控制技术、数据查询技术、空间分析等技术。涉及组件库、控件和工具等多个部分。

　　组件库是 ArcObjects 组件的集合，利用这些库开发 GIS 可以像搭积木一样搭建出由低到高的程序应用，使用多事件、道具和方法利用丰富的可视化控件集和组件集进行系统开发。控件用来嵌入到应用程序在界面上做到可视并被调用。在 Arc Engine 中的控件已经有 MapControl、PagelayoutControl、ToolbarControl 等。工具条集合应用在系统中，地图和 GIS 通过工具条与用户进行交互，如利用工具对地图进行查询、编辑等。

　　通过 ArcEngine 开发一些常用功能和针对系统的专用功能是建立系统的难点和主要内容之一。包括编辑显示图形要素点、线、面；地图的漫游、移动、缩放；查询、识别和搜索地图要素；创建和更新地理要素及属性数据；筛选和查找要素；空间运算生成缓冲区；动态显示实时数据和时间序列的数据；变换图坐标系统；专题图制作；三维空间分析等。

第7章　数字黄龙平台信息管理系统

数字黄龙平台信息管理系统以黄龙智慧景区建设为依托，充分借鉴和吸收了当前国内外最新的 GIS 技术，采用了 GIS 组件 ArcEngine 及 Visual C♯.NET 开发模式，以数据引擎方式实现了空间数据和属性数据在关系型数据库中的一体化存储。另外，在可视化开发及遥感三维模型动态演示等方面都做了很多实用工作，这些都提升了系统的先进性。在多项关键技术方面有实用化开发成果和一定特色，总体上达到了国内先进水平，具有很大的推广性。

7.1　数字黄龙平台信息管理系统平台技术方案

7.1.1　系统设计原理

数字黄龙平台信息管理系统设计结合当前 GIS 领域流行且成熟的技术手段，采用"基于对象－关系型数据库的组件式 GIS 技术"的设计原理。其技术要点如下。

（1）采用扩展实体—关系数据模型，以每一个赋予唯一编码的地理实体为核心，建立 $1:N$ 的关系。

（2）以 SQL Server 2008 为基础，存储属性数据，空间数据和属性数据通过关联号进行连接。

（3）以 GIS 组件 ArcEngine 为基础平台。

（4）基于.NET 技术，以 C♯ 为开发语言。

7.1.2　系统设计原则

在设计数字黄龙平台信息管理系统平台时，系统开发遵循如下基本原则。

实用性：系统建设必须以实用性和可靠性为基本原则，保证能尽快地投入实际运营，发挥功能。系统的界面应直观、简捷，充分顾及非 GIS 专业用户的需要。

可扩展性：系统功能应可以方便地进行扩充，系统具有可持续维护和发展的能力。

开放性：必须面向空间信息的服务、分发、交换、更新和共享，能够方便地为各种应用系统提供动态信息支持。

先进性：系统建设中应积极运用新技术，充分利用遥感、GIS、数据库及网络技术等的最新发展成果。

标准化：各类信息的分类编码、数据交换格式、数据内容与组织应严格遵循现有的国家标准、行业标准和地方标准。

可扩充性：对国家标准、行业标准和地方标准中没有包括但需规范化的内容，可补充制定临时规定。

7.1.3 系统平台及开发工具

C♯是微软公司为了能够完全利用.NET平台优势而开发的一种新型编程语言。C♯语言从 C 和C++演变而来，非常类似于 Java，它是给那些愿意牺牲C++一点底层功能，以获得更方便和更产品化的企业开发人员而创造的。C♯现代、简单、面向对象和类型安全。C♯语言具有以下特点。

(1)C♯是一种从 C++和 Java 继承而来的、简单的、现代的、面向对象的语言。它的目标是综合 VB 高产和 C++底层高效的特性。

(2)我们能够用 C♯开发控制台应用程序、Windows 应用程序、Web 应用程序。

(3)在 C♯中微软处理了 C++问题，如内存管理、指针等；它支持垃圾回收（无用内存回收）、内存自动管理，并具备其他许多特性。

(4)现代 C♯建立在当前的潮流上，对于创建相互兼容的、可伸缩的、健壮的应用程序来说是非常强大和简单的。

(5)C♯拥有内建的支持来将任何组件转换成一个 Web service，运行在任何平台上的任何应用程序都可以通过互联网来使用这个服务。

(6)C♯是面向对象的，支持数据封装、继承、多态和对象接口（即 Java 中的interface 关键字）。

(7)类型安全。

(8)数组类型下标从零开始而且进行越界检查。

(9)C♯提供对 COM 和基于 Windows 的应用程序的原始的支持。

(10)C♯开发者可以方便地在 M$网络平台上扩展自己的应用。C♯可以将任何组件转变为 Web 服务，并且可以被运行于 Internet 上的任何平台的任何应用调用，重要的是 C♯ 对这一特性提供了内置的支持。更重要的一点，Web服务框架可以让任何 Web 服务都看起来类似于 C♯ 的内置对象，所以可以让开发人员在开发过程中继续使用他们已经具备的面向对象的开发方法和技巧。

(11)C♯ 还拥有许多其他特性使自己成为最出色的 Internet 开发工具。例如，XML 目前已经成为网络中数据结构传送的标准，为了提高效率 C♯ 将允许直接将 XML 数据映射成结构。这样可以有效处理各种数据。

本书采用 ArcEngine 作为开发平台。ArcEngine 包含一个构建定制应用的开发包。程序设计者可以在自己的计算机上安装 ArcEngine 开发工具包，工作于自己熟悉的编程语言和开发环境中。ArcEngine 通过在开发环境中添加控件、工具、菜单条和对象库，在应用中嵌入 GIS 功能。例如，一个程序员可以建立一个应用程序，里面包含一个 ArcMap 的专题地图、一些来自 ArcEngine 的地图工具和其他定制的功能。

7.1.4　系统结构

依据系统目标分析，确定的数字黄龙平台信息管理系统结构如图 7-1 所示。

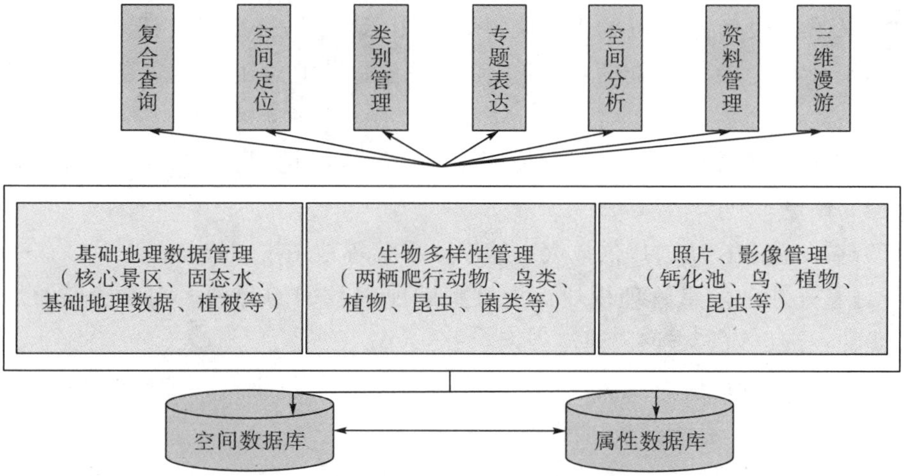

图 7-1　数字黄龙平台信息管理系统结构图

数字黄龙平台信息管理系统以空间数据为基础，将属性数据与空间数据通过关键字段连接，实现黄龙地区生物资源管理，景区设施管理，以及基于地理信息技术的查询、分析功能。其功能结构图如图 7-2 所示。

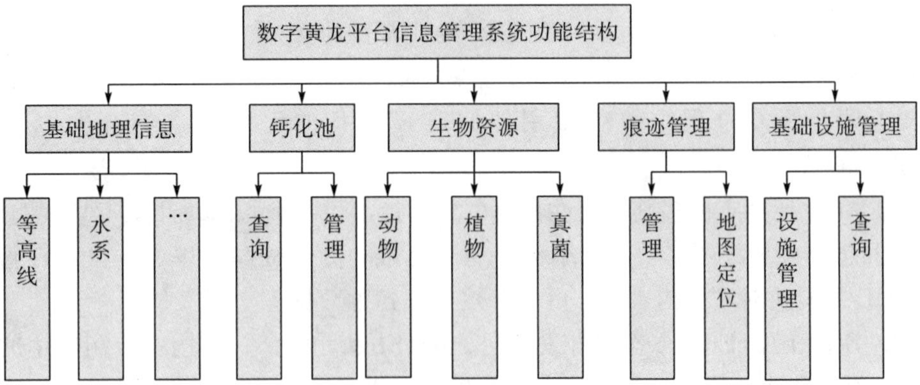

图 7-2　数字黄龙平台信息管理系统功能结构图

7.1.5　系统模块

系统采用 ArcEngine 组件开发，实现了对黄龙景区基础地理数据管理与展现、生物多样性数据库信息系统管理、照片与视频数据库管理，实现专题图生成，包括单一值专题图、分类专题图、饼图等功能。

数字黄龙平台信息管理系统共分为以下几个模块。

(1)文件管理模块：提供对 shapefile 文件和影像数据加载的功能。在本系统中定义了扩展名为 mxd 的工程文件，它用 XML 语言描述，记录了地图中加载的图层及其图层的渲染信息等，本模块也提供了对工程文件的创建、打开功能。

(2)常用地图操作模块：基本地图浏览功能提供地图查看功能，方便用户进行地图的预览。

(3)视图控制模块：提供放大、缩小、平移等地图视图操作。

(4)基础地理信息管理模块：提供基础地理数据的管理，实现栈道的量测、等高线的查询、地名查询、河流查询。

(5)钙化池管理模块：实现钙化池信息查询、信息浏览、统计分析、统计文档导出、栈道扩宽影响分析、照片管理。

(6)固态水管理模块：实现固态水面积查询、统计分析、统计文档导出。

(7)生物资源管理模块：主要提供两栖爬行动物信息管理、鸟类信息管理、兽类信息管理、昆虫信息管理，实现了生物信息的查询、信息的修改、信息的录入、类别管理、照片管理。

　　(8)植物资源管理模块：提供植物信息管理(含野生植物信息管理)，实现了信息的查询、信息的修改、信息的录入、类别管理、照片管理。

　　(9)真菌资源管理模块：主要提供真菌信息管理，实现了真菌信息的查询、信息的修改、信息的录入、类别管理、照片管理。

　　(10)痕迹管理模块：主要为大熊猫野外痕迹调查提供增加、删除、修改、查询等功能。提供显示功能，也可进行点、线、面查询。还提供导出数据功能。

　　(11)工程规划管理：实现设施点的查询、基础设施查询。

　　(12)功能区划管理模块：实现功能区面积查询、面积统计及文档导出。

　　(13)专题制图模块：提供专题制图的功能，如单值专题图、分级专题图、比例符点密度图、饼状专题图、柱状专题图。

　　(14)地图输出模块：提供地图输出的常用功能，如布局操作，实现地图元素的添加、输出打印。

　　(15)帮助功能模块：提供系统主题更换的功能，实现对输出窗口和缩略图窗口进行控制及帮助文档的查看。

7.2　系统详细设计

　　本书最后编制了数字黄龙平台信息管理系统，此系统包括数字黄龙基础地理信息平台、黄龙生物多样性数据库、黄龙核心景区信息管理三大功能。各功能操作分别如下所示。

7.2.1　系统启动窗体

　　图 7-3 中左侧列出了有关数字黄龙平台信息管理系统景区相关内容的图层，包括：痕迹分布图、核心景区、基础地理数据、黄龙固态水、植物保护图、功能区划图等，共 12 个。其中每个部分又进行了更详细的划分，例如，核心景区又包括注记、泉眼、栈道、景区建筑、道路设施、钙化池、水域、装饰图层；如果需要查找高程点或者公路信息，同样可以在基础地理数据中查找，这样可方便用户查找所需要的内容。具体如图 7-4 所示。

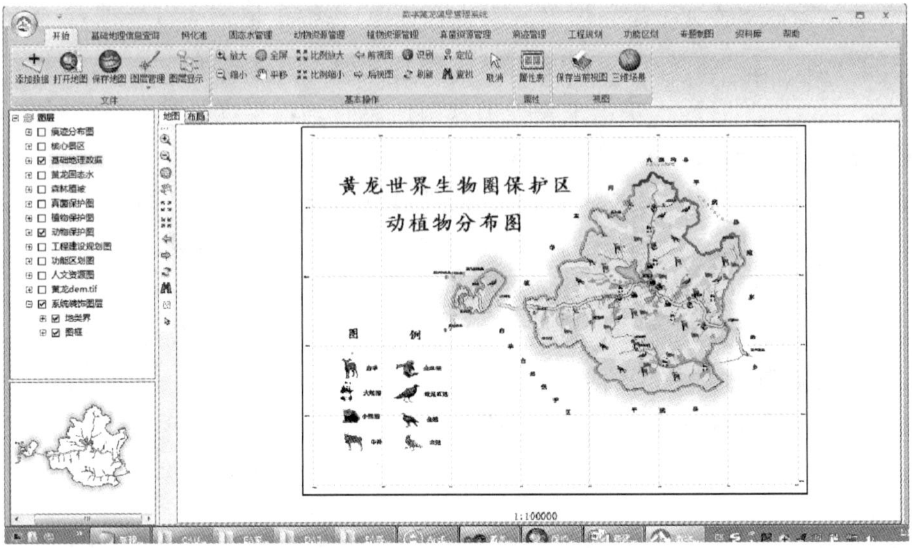

图 7-3　主界面

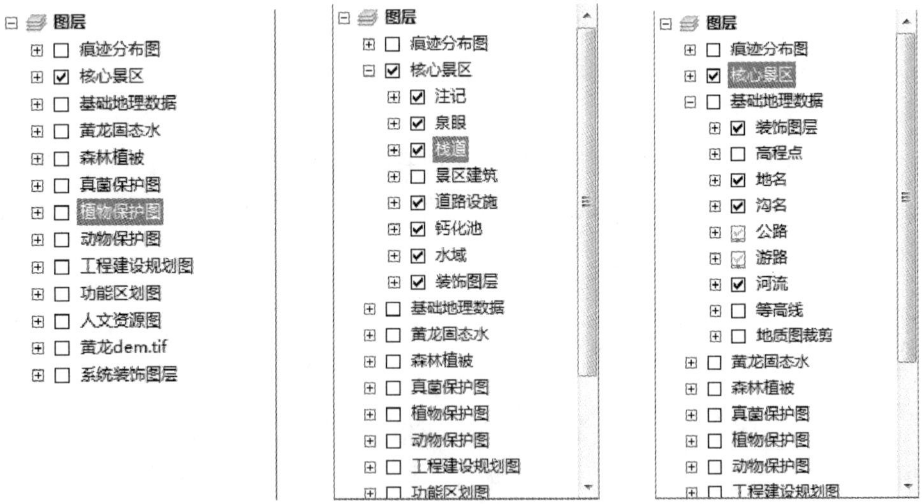

(a)　　　　　　　　　　(b)　　　　　　　　　　(c)

图 7-4　图层

系统菜单如图 7-5 所示。

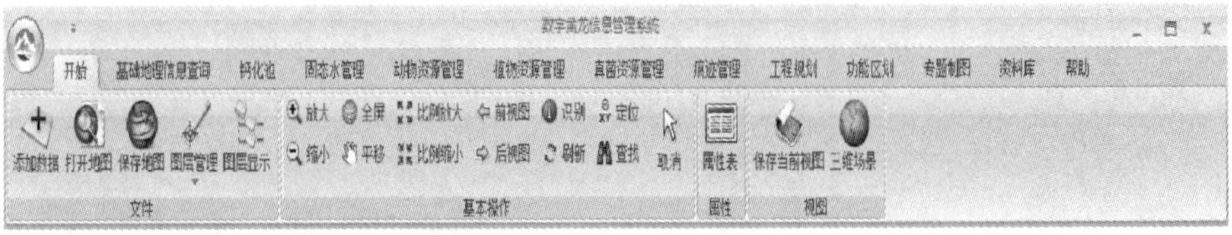

图 7-5　系统菜单

7.2.2 数据库链接模块

首先点击菜单左上角黄龙标志图标，弹出如图 7-6 所示菜单。

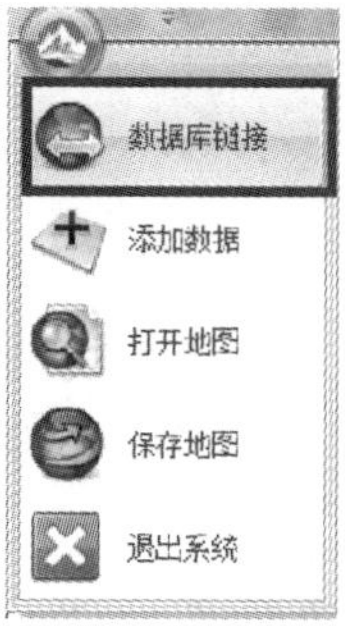

图 7-6 文件菜单

点击数据库链接进入数据库链接页面，如图 7-7。

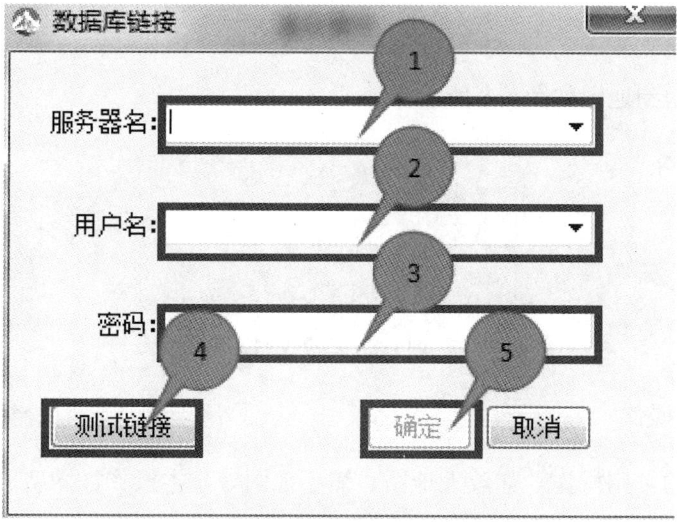

图 7-7 数据库链接

依次填入数据库连接信息，完成数据库链接。

部分关键代码如下：

```
DbHelperSQL.connectionString= " Data Source= " + comboBox1.Text.
Trim()+ "; Initial Catalog= HuangLong; User ID= " + comboBox2.Text.Trim
()+ "; Password= " + textBox1.Text.Trim();
    sqlConnection= new SqlConnection(DbHelperSQL.connectionString);
    sqlConnection.Open();
```

```
if (sqlConnection.State= = ConnectionState.Open)
{
    button2.Enabled= true;
    label4.Text= "成功链接到数据库!";

}
else
{
    label4.Text= "数据库链接失败!";
}
sqlConnection.Close();
```

7.2.3　通用模块

1. 文件

添加数据到地图如图 7-8 所示。

图 7-8　打开文件

2. 基本操作

对地图的常用操作，如放大地图、缩小地图等基本操作如图 7-9 所示。

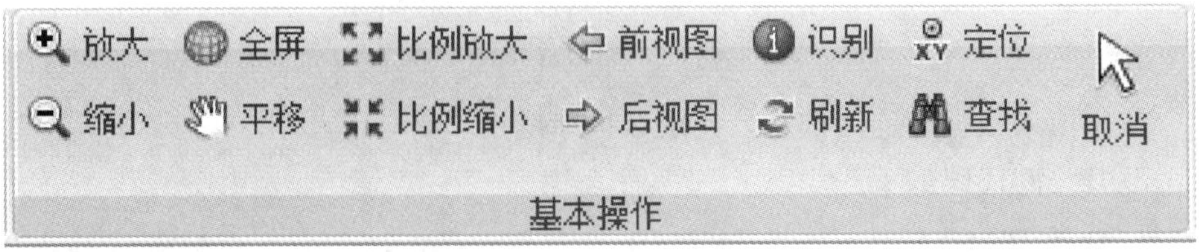

图 7-9　基本操作

3. 属性

查看选中属性表信息如图 7-10 所示。

图 7-10　属性

4. 数据管理

新建图层和控制图层的显示如图 7-11 所示。

图 7-11　数据管理

点击新建图层中的新建文件，创建新的图层要素，如图 7-12 所示。

图 7-12　新建矢量文件

点击新建图层中的编辑器，打开编辑器，对图层进行编辑(图 7-13)。

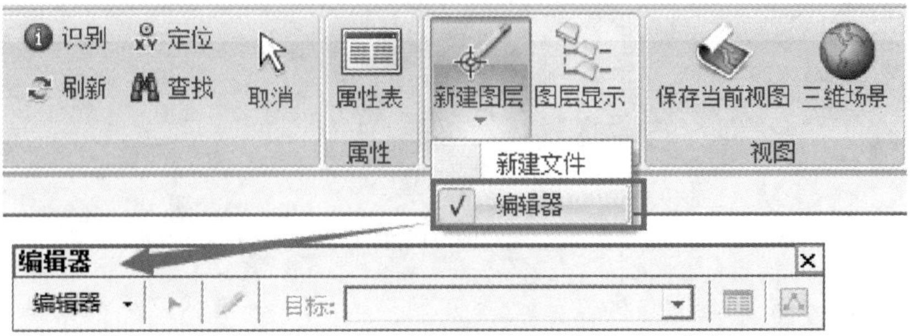

图 7-13　编辑器

点击"图层显示",可以控制图层的显示(图 7-14)。

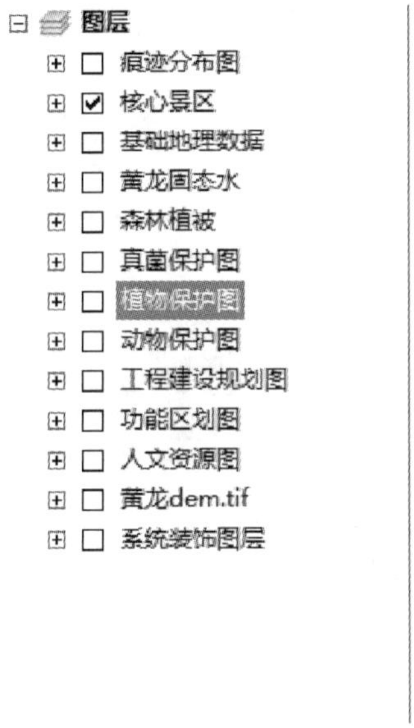

图 7-14　图层显示

5. 视图

可以输出当前视图和进入三维场景视图(图 7-15)。

图 7-15　视图

点击"三维场景"，实现景区的三维漫游，如图 7-16 所示。

图 7-16　三维漫游

7.2.4　基础地理信息查询模块

实现栈道距离的量测、等高线的查询、地名和河流的查询选择查询与模糊查询。例如，点击"点选查询"，然后在地图窗口点击，即可进行查询。在地名或者河流框中输入地名或河流名称，即可对地名或者河流进行查询(图 7-17)。

图 7-17　基础地理信息管理

1. 属性查看对话框

属性信息查询是常用的操作，图 7-18 属性查看对话框列出了使用要素查看工具在地图上点中的地理要素属性信息。单击属性查看窗体中的要素时，地图控件上的地理要素将闪烁。

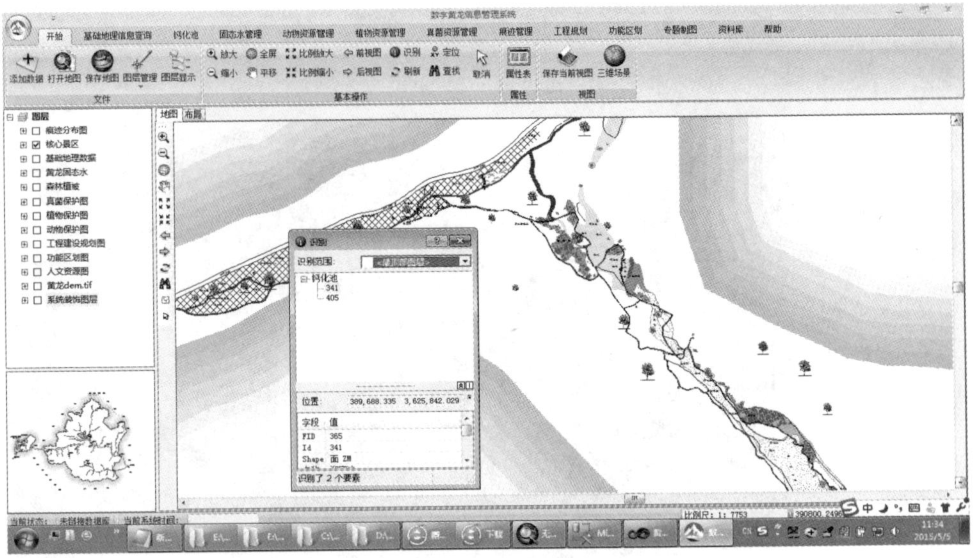

图 7-18　属性信息查询

部分关键代码如下：

```
///< summary>
    ///根据图层字段创建一个只含字段的空 DataTable
    ///< /summary>
    ///< param name= " pLayer" > < /param>
    ///< param name= " tableName" > < /param>
    ///< returns> < /returns>
    private  static  DataTable  CreateDataTableByLayer ( ILayer
pLayer, string tableName)
    {
        //创建一个 DataTable 表
        DataTable pDataTable= new DataTable(tableName);
        //取得 ITable 接口
        ITable pTable= pLayer as ITable;
        IField pField= null;
        DataColumn pDataColumn;
        //根据每个字段的属性建立 DataColumn 对象
        for(int i= 0; i < pTable.Fields.FieldCount; i+ + )
        {
            pField= pTable.Fields.get_ Field( i);
```

```
        //新建一个 DataColumn 并设置其属性
        pDataColumn= new DataColumn(pField.Name);
        if(pField.Name= = pTable.OIDFieldName)
        {
            pDataColumn.Unique= true; //字段值是否唯一
        }
        //字段值是否允许为空
        pDataColumn.AllowDBNull= pField.IsNullable;
        //字段别名
        pDataColumn.Caption= pField.AliasName;
        //字段数据类型
        pDataColumn.DataType= System.Type.GetType(ParseFieldT
ype(pField.Type));
        //字段默认值
        pDataColumn.DefaultValue= pField.DefaultValue;
        //当字段为 String 类型时设置字段长度
        if(pField.VarType= = 8)
        {
            pDataColumn.MaxLength= pField.Length;
        }
        //字段添加到表中
        pDataTable.Columns.Add(pDataColumn);
        pField= null;
        pDataColumn= null;
    }
    return pDataTable;
}
```

2. 属性列表对话框

在查询目标物的属性时，有时需要查询非单个物体的数据，这时就需要属性
列表对话框列出对应表的所有记录。具体如图 7-19 所示。

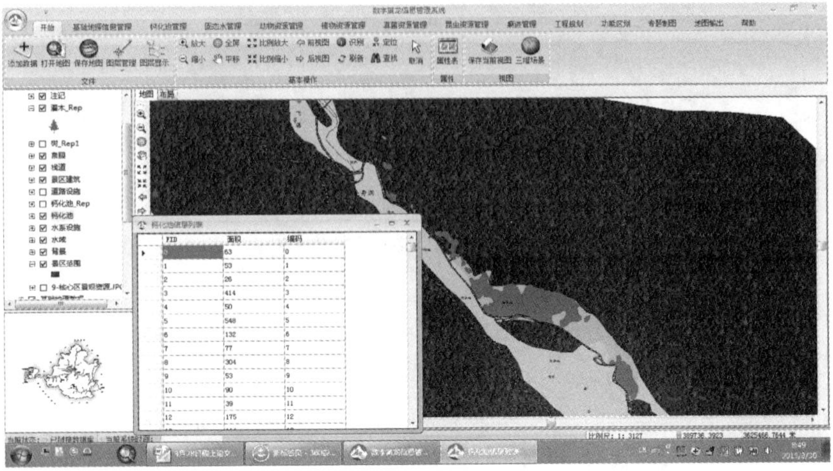

图 7-19　属性列表对话框

3. 距离与面积量测功能

可以量算指定图层长度与面积，如量算栈道长度与钙化池面积(图 7-26)。

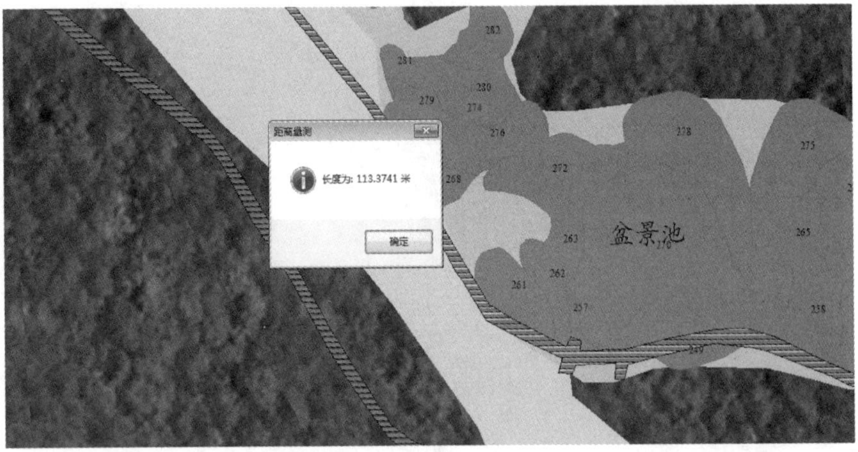

图 7-20　量算功能

部分关键代码如下：

```
///< summary>
　///高亮绘图
　///< /summary>
　///< param name= " feature" > < /param>
　///< param name= " m_ mapControl1" > < /param>
　private void MyDrawPolygon (IGeometry pGeometry, IMapControl3 m_
```

```
mapControl1)
    {
        try
        {
            if (pGeometry= = null | | (pGeometry.GeometryType ! =
esriGeometryType.esriGeometryPolygon && pGeometry.GeometryType ! =
esriGeometryType.esriGeometryEnvelope))
            {
                return;
            }
            IMap pMap= m_ mapControl1.Map;
            IGraphicsContainer pGCs= pMap as IGraphicsContainer;
            ISimpleFillSymbol pSimpleFillsym= new SimpleFillSym
bolClass();
            IRgbColor color= new RgbColor();
            color.RGB= 255;
            ILineSymbol outline= new SimpleLineSymbol();
            outline.Width= 2;
            outline.Color= color;
            pSimpleFillsym.Outline= outline;
            pSimpleFillsym.Style= esriSimpleFillStyle.esriSFSH
ollow;
            IFillShapeElement pPolygonEle= new PolygonElementCl
ass();
            pPolygonEle.Symbol= pSimpleFillsym;
            IElement pEle= pPolygonEle as IElement;
            pEle.Geometry= pGeometry;
            if (pEle ! = null) pGCs.AddElement(pEle, 0);
            IActiveView pAV= (IActiveView)pMap;
            pAV.PartialRefresh(esriViewDrawPhase.esriViewGraph
ics, null, pAV.Extent);
        }
        catch (Exception ex)
        {
```

```
Message Box.show(" 参数出错")
        }
    }
```

4.　基础地理信息查询

系统可查询基础地理数据，如高程点、水文、动物、植物、线路等属性信息的查询功能，如图 7-21 所示。

图 7-21　查询界面

7.2.5　钙化池管理模块

提供对钙化池信息的管理和查询。例如，点击"点选查询"，然后在地图窗口点击，即可进行查询（图 7-22）。

图 7-22　钙化池管理

栈道影响分析，用于分析对栈道进行扩宽可能影响到的钙化池。输入一个扩宽距离，点击分析即可得到分析结果，如图 7-23 所示（对栈道作 5m 拓宽模拟，可得到所影响的钙化池，加亮显示代表所影响钙化池）。

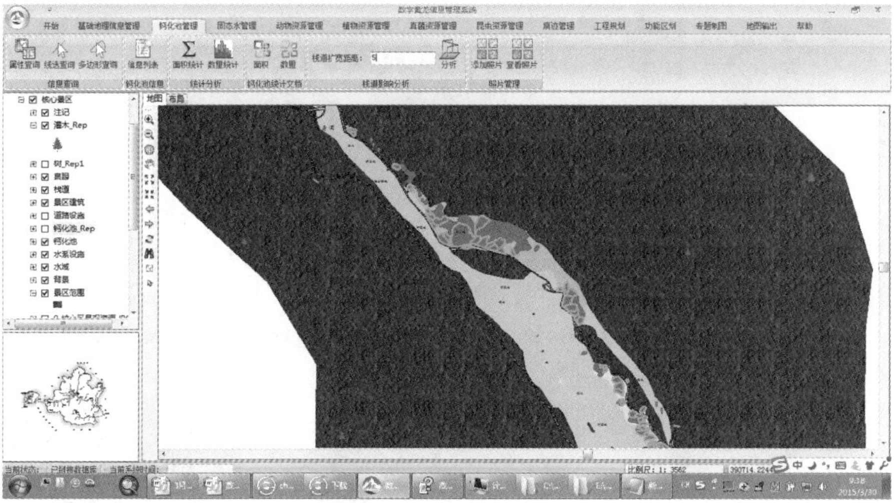

图 7-23　影响分析结果图

部分关键代码如下：

```
if(textBoxCommand8.TextBox.Text= = "")
        {
                MessageBox.Show("请先输入一个扩宽距离!","提示",
MessageBox Buttons.OK, MessageBoxIcon.Warning);
                return;
        }

        axMapControl1.Map.ClearSelection();

        ILayer RoadLayer= SearchToLayer("核心景区","栈道");
        ILayer CaLayer= SearchToLayer("核心景区","钙化池");

        IFeatureLayer RoadFeatureLayer= RoadLayer as IFeatureLa
yer;
        IFeatureCursor pFeatureCursor= RoadFeatureLayer.Feature
Class.Search(null, false);

        IFeatureLayer pFeatureLayer= (IFeatureLayer)CaLayer;
        IFeatureClass pFeatureClass= pFeatureLayer.FeatureClass;
        ISpatialFilter pSpatialFilter= new SpatialFilterClass();
```

```
IFeature pFeature= pFeatureCursor.NextFeature();
ITopologicalOperator pTopologicalOperator;

while (pFeature ! = null)
{
    pTopologicalOperator= pFeature.Shape as ITopologica
l Operator; //要素形状
    IGeometry pGeometry= pTopologicalOperator.Buffer(d
ouble.Parse(textBoxCommand8.TextBox.Text.Trim()));
    pSpatialFilter.Geometry= pGeometry;
    pSpatialFilter.GeometryField= pFeatureClass.Shape F
ieldName;
    pSpatialFilter.SpatialRel= esriSpatialRelEnum.esri
SpatialRelIntersects;
    IFeatureCursor FeatureCursor= pFeatureClass.Search
(pSpatialFilter, false);
    IFeature Feature= FeatureCursor.NextFeature();
    while (Feature ! = null)
    {
        axMapControl1.Map.SelectFeature(pFeatureLayer,
Feature);
        Feature= FeatureCursor.NextFeature();
    }
    pFeature= pFeatureCursor.NextFeature();
}
    axMapControl1.ActiveView.PartialRefresh(esriView Draw
Phase.esriViewGeoSelection, null, null);
```

　　照片管理用于对钙化池的照片进行管理，点击"添加照片"，如图 7-24 所示。

　　点击"照片"显示钙化池照片，如图 7-25 所示。

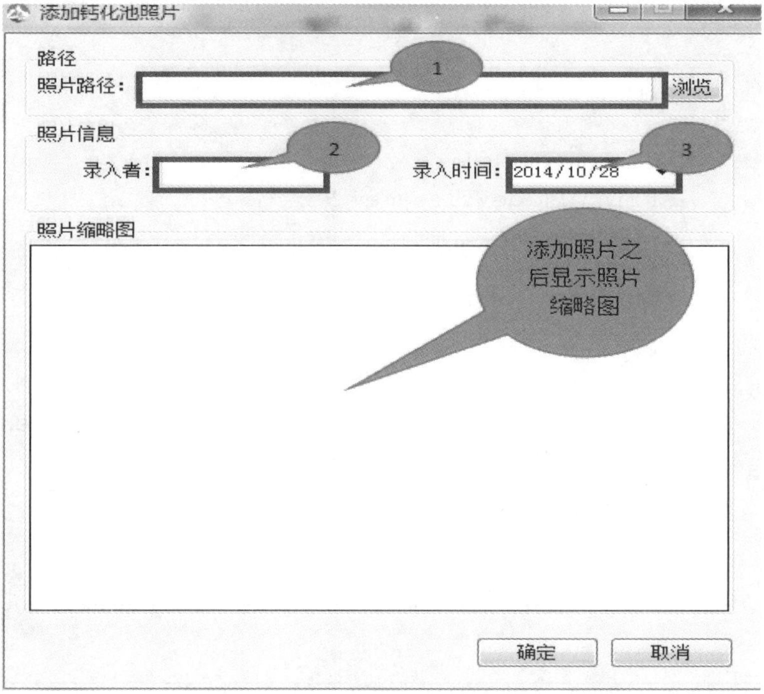

图 7-24　添加钙化池照片

图 7-25　钙化池照片浏览

部分关键代码如下：

```
private void button1_ Click(object sender, EventArgs e)
```

```
    {
        try
        {

            string ImageFileName= "";
            string strImageFiles= "";
            for(int i= 0; i< PictureArray.Length; i+ + )
            {

                string fileName= System.IO.Path.GetFileName(Pic
tureArray[i]);
                //string filename1= fileName.Substring(0,fileNa
me.Length- 4);
                string filename1= Path.GetFileNameWithoutExtens
ion(fileName);
                //string filename2= fileName.Substring(fileName.
Length- 4, h 4);
                string filename2= Path.GetExtension(fileName);

                filename1= Helper.ReplaceBadCharOfFileName(file
name1);
                string strGuid= System.Guid.NewGuid().ToString("N");
                ImageFileName= "钙化池" + filename1+ strGuid+ fi
lename2 ;
                strImageFiles+ = ImageFileName+ ";";

                File.Copy(PictureArray[i], Application.StartupPath
+ " \\ Photo\\ gaihuachi\\ truepic\\ " + ImageFileName, true);
            }
            string[] strImageFiles1= strImageFiles.Split(';');
            for (int i= 0; i< strImageFiles1.Length- 1; i+ + )
            {
                object[] FieldValue1=  { "'" + strImageFiles1[i]
+ "'","'" + textBox1.Text+ "'","'" + dateTimePicker1.Text+ "'",
```

```
"'" + textBox2.Text+ "'" };
                SqlManager sqlManager= new SqlManager();
                string CmdString1= " insert into" + photoInfoDB
+ " (PicName, Lrr, Lrsj, beizhu) values ( {0}, {1}, {2}, {3})";
                CmdString1= string.Format(CmdString1, FieldValue1);
                sqlManager.RunSqlCommand(CmdString1);
            }
        MessageBox.Show("添加成功!");
        }
        catch { MessageBox.Show("添加失败!"); }
    }
```

7.2.6　固态水管理模块

固态水管理主要对固态水的面积(1987 年、1992 年、1998 年、2004 年四期数据)进行统计分析(图 7-26),可看出固态水面积整体呈减少趋势(图 7-27)。

图 7-26　固态水管理功能

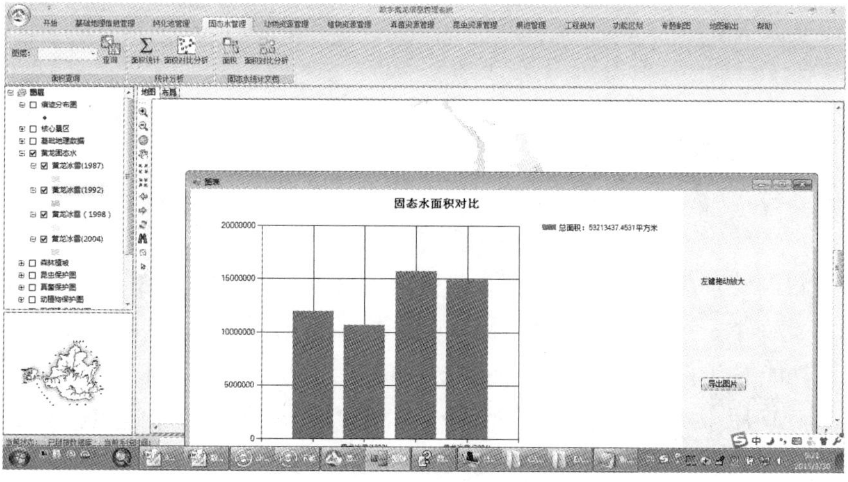

图 7-27　固态水管理

　　部分关键代码如下：

```
private void chart_ Load(object sender, EventArgs e)
    {
        chart1.ChartAreas[0].CursorX.IsUserEnabled= true;
        chart1.ChartAreas[0].CursorX.IsUserSelectionEnabled=
true;
        chart1.ChartAreas[0].AxisX.ScaleView.Zoomable= true;
        chart1.Series[" 面积(/平方米)"].Points.DataBindXY(xval,
yval);
        chart1.Series[" 面积(/平方米)"].LabelToolTip= " 序号： #
VALX\\n面积(平方米)： # VAL";
        chart1.Series[" 面积(/平方米)"].ToolTip= " 序号： # VALX\\n
面积(平方米)： # VAL";
        chart1.Titles[0].Font= new Font(" 宋体", 14, FontStyle.
Bold);
        chart1.Titles[0].Text= chartName;
        double zongArea= 0;
        for (int i= 0; i< yval.Length; i+ + )
        {
            zongArea+ = yval[i];
        }

        chart1.Series[" 面积(/平方米)"].LegendText= " 总面积:" +
zongArea.ToString()+ " 平方米";
    }
```

7.2.7　动物资源管理模块

　　动物资源管理模块是对动物资源的查询、修改、录入、管理，主要包括两栖爬行动物、鸟类、兽类、昆虫信息的生物多样性数据库管理(图 7-28)。

　　查询功能提供了点选择查询、圆形选择查询、多边形选择查询，如图 7-29 所示。

　　类别管理用于对黄龙地区生物资源类别进行管理(图 7-30)，包括类别添加、删除、更新等功能。添加类别时，首先选择要添加类别的父类，然后输入要添加的新类，最后输入该类物种的信息(图 7-31)。

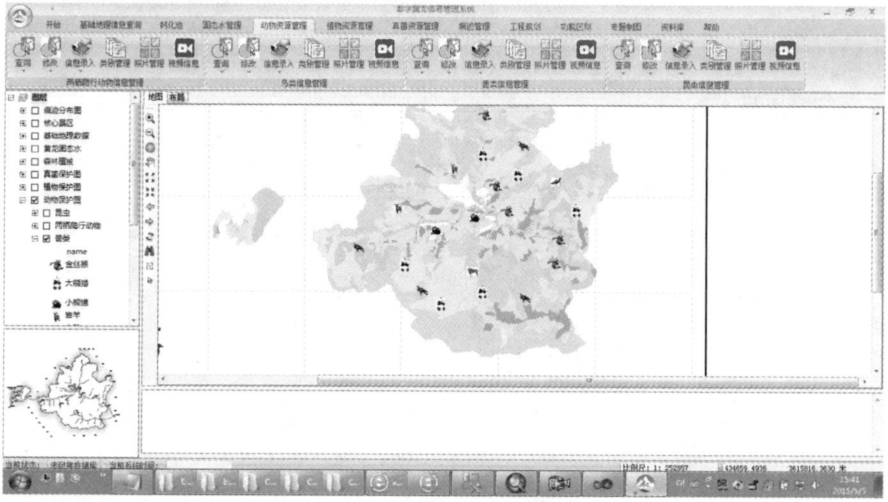

图 7-28　动物资源管理

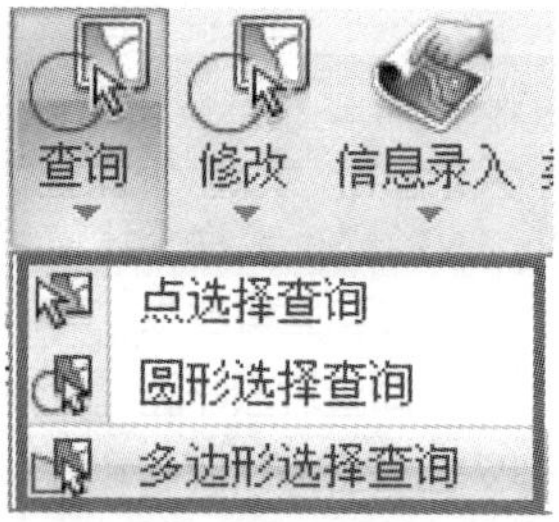

图 7-29　查询

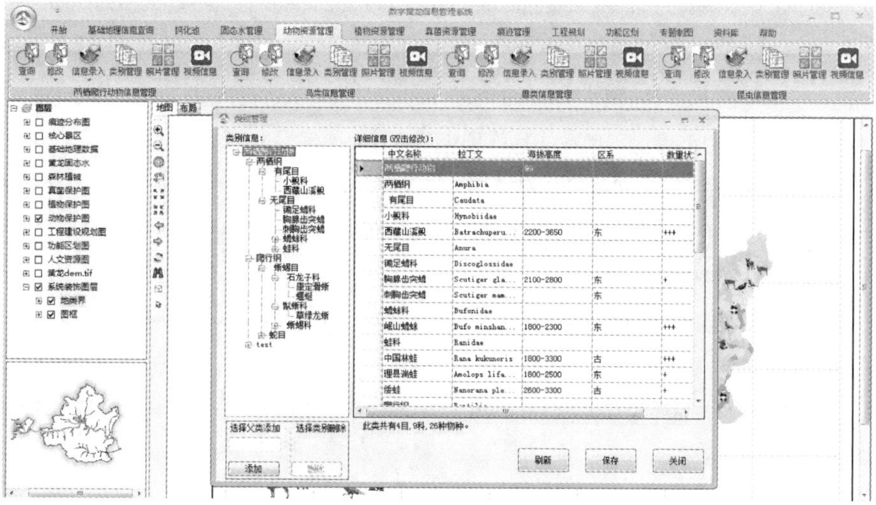

图 7-30　两栖爬行动物类别管理

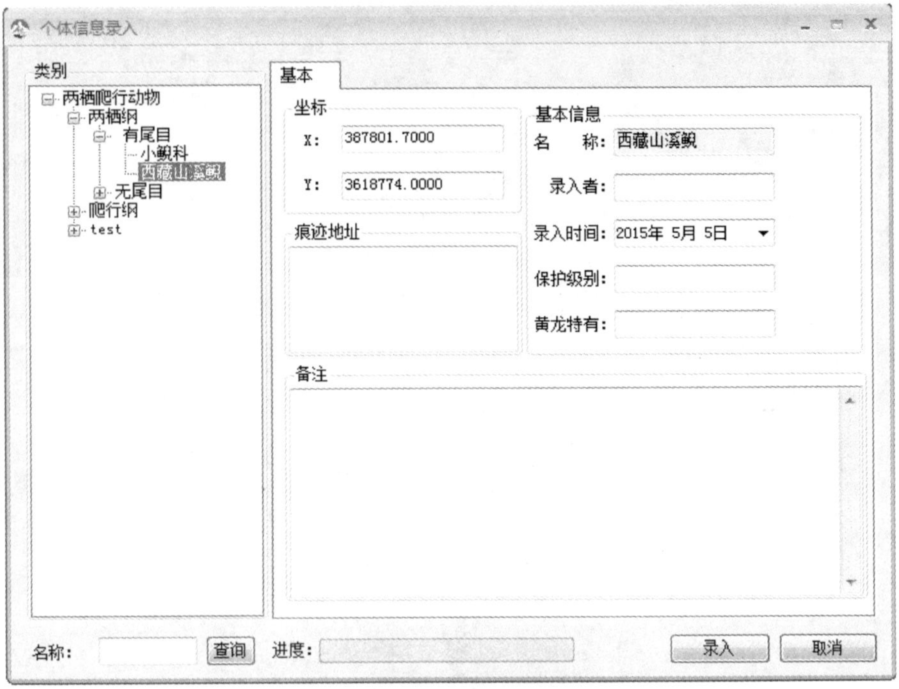

图 7-31　两栖爬行动物个体信息录入

部分关键代码如下：

```
private void ClassDBManager_ Load(object sender, EventArgs e)
    {
        int Num1= 0;
        int Num2= 0;
        int Num3= 0;
        SqlManager sqlManager;
        sqlManager= new SqlManager();
        sqlManager.querySqlCmd= " select *  from" + SpeciesDBName;
        dataGridView1.DataSource= sqlManager.GetDataSet(sqlMan
ager.querySqlCmd).Tables[0];
        dataGridView1.Columns[dataGridView1.ColumnCount- 1].
Visible= false;
        dataGridView1.Columns[dataGridView1.ColumnCount- 2].
Visible= false;

        sqlManager= new SqlManager();
```

```
        sqlManager.querySqlCmd= " select *  from" + SpeciesDBName;
        pDataTable= sqlManager.GetDataSet(sqlManager.querySqlC
md).Tables[0];
        treeView1.Nodes.Clear();
        InitNode();


        sqlManager= new SqlManager();
        sqlManager.querySqlCmd= " select COUNT(*) from" + Speci
esDBName+ " Where 中文名称 like" + " '" + "% 目" + " '";
        pDataTable= sqlManager.GetDataSet(sqlManager.querySqlC
md).Tables[0];
        Num1= Convert.ToInt32(pDataTable.Rows[0][0].ToString());


        sqlManager= new SqlManager();
        sqlManager.querySqlCmd= " select COUNT(*) from" + Speci
esDBName+ " Where 中文名称 like" + " '" + "% 科" + " '";
        pDataTable= sqlManager.GetDataSet(sqlManager.querySqlC
md).Tables[0];
        Num2= Convert.ToInt32(pDataTable.Rows[0][0].ToString());


        sqlManager= new SqlManager();
        sqlManager.querySqlCmd= " select COUNT(*) from" + Speci
esDBName;
        pDataTable= sqlManager.GetDataSet(sqlManager.querySqlC
md).Tables[0];
        Num3= Convert.ToInt32(pDataTable.Rows[0][0].ToString());
        int Num4= Num3- Num2- Num1;
        label4.Text= " 此类共有" + Num1.ToString()+ " 目," + Num2.To
String()+ " 科," + Num4.ToString()+ " 种物种。";


    }
```

照片管理则用于管理风景区的生物资源的照片资源。

信息录入功能提供自动录入和手动录入，自动录入可以由系统自动将点击的地理位置信息录入数据库，手动录入则要手动录入地理位置信息，如图 7-32 所示。

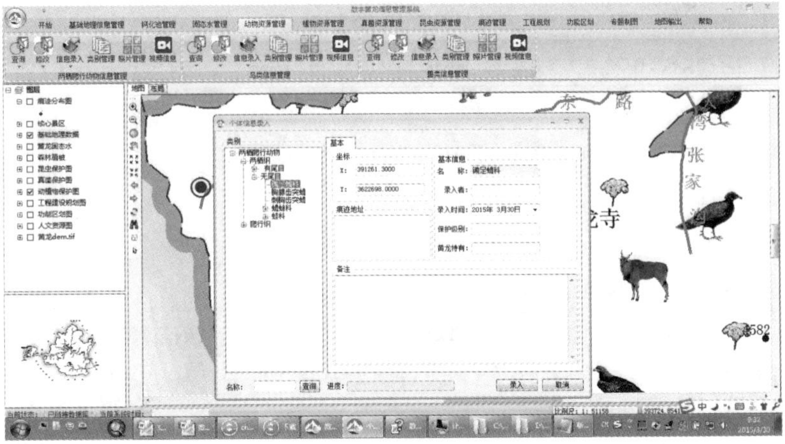

图 7-32　信息录入

修改功能提供了点选择修改、圆形选择修改、多边形选择修改，如图 7-33 所示。

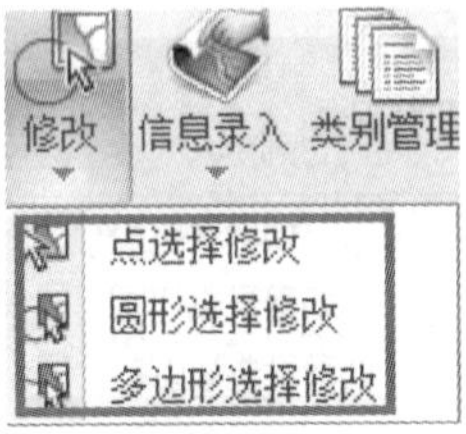

图 7-33　修改

照片管理（图 7-34）与视频管理提供针对该类物种信息的照片与视频信息管理功能。

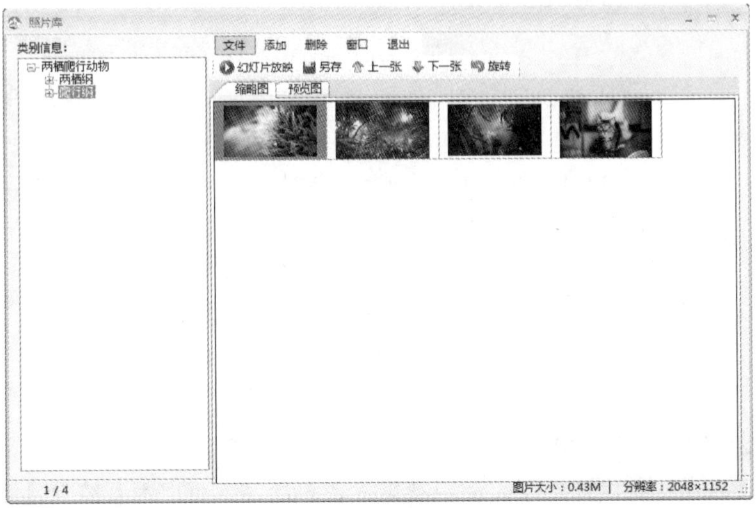

图 7-34　照片管理

7.2.8　植物资源与真菌资源管理模块

植物资源管理、真菌资源管理都与动物资源管理操作类似，请参考动物资源管理模块。

7.2.9　痕迹管理模块

痕迹管理模块主要是对野外大熊猫调查的数据的操作，包括以下功能：痕迹添加、修改、删除、查询、地图定位与导出 Word 格式，如图 7-35 所示。

图 7-35　痕迹管理

显示痕迹图即显示出监测到的痕迹在图层上的位置，可以明确地看出所发现大熊猫实体或痕迹与周边地理环境的关系。图 7-36 为痕迹添加功能。

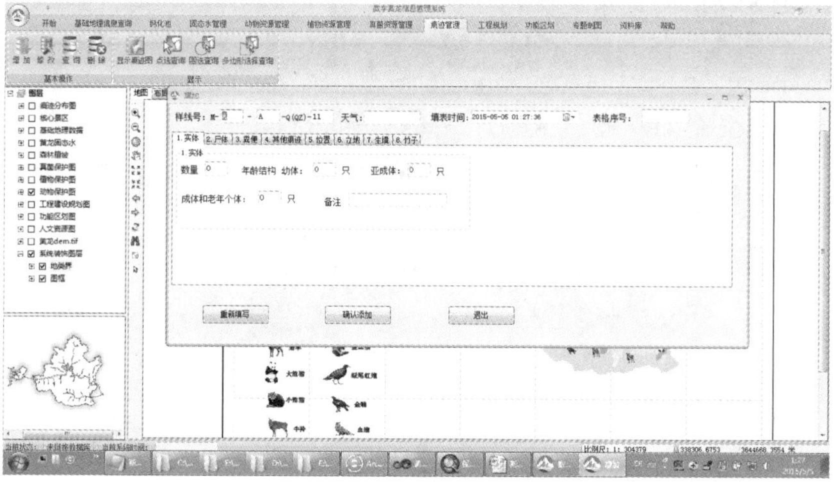

图 7-36　痕迹添加功能

部分关键代码如下：

```
private DataSet show(string select, string ziduan)
    {
        DataSet ds2;
```

```
SqlDataAdapter sda1= new SqlDataAdapter();
ds2= new DataSet(); //实例化 dataset
string smd1= " select YangXianIDXH as '样线 ID序号', YangXianHao
as '样线号'from HJTouBiao where" + " " + ziduan+ " = " + " '" + select+ " '
Order By HJTouBiao.YangXianHao Desc";
    SqlCommand cmd1= new SqlCommand(smd1, LinkDBForm.sqlCon
nection);
    sda1.SelectCommand= cmd1;
    sda1.Fill(ds2); //把数据填充到 dataset
    SqlDataAdapter sda= new SqlDataAdapter();
    ds= new DataSet(); //实例化 dataset
    for (int i= 0; i <  ds2.Tables[0].Rows.Count; i+ + )
    {
        int select2= Convert.ToInt 32(ds2.Tables[0].Rows[i][0]);
        string smd= " select HJTouBiao.YangXianIDXH as '样线
ID序号', HJTouBiao.YangXianHao as '样线号', HJTouBiao.RiQi as '日
期', HJShiTi.ShuLiang as '实体数量', HJdead_ body.ShuLiang as '尸体
数量' from HJTouBiao, HJShiTi, HJdead_ body where" + " HJTouBiao.
YangXianIDXH = HJShiTi.YangXianIDXH and HJTouBiao.YangXianIDXH =
HJdead_ body.YangXianIDXH and HJTouBiao.YangXianIDXH = " + "'" +
select2+ " 'Order By HJTouBiao.YangXianHao Desc";
        SqlCommand cmd= new SqlCommand(smd, LinkDBForm.sqlCo
nnection);
        sda.SelectCommand= cmd;
        sda.Fill(ds);
    }
    return ds;

}
```

导出功能如图 7-37 所示。

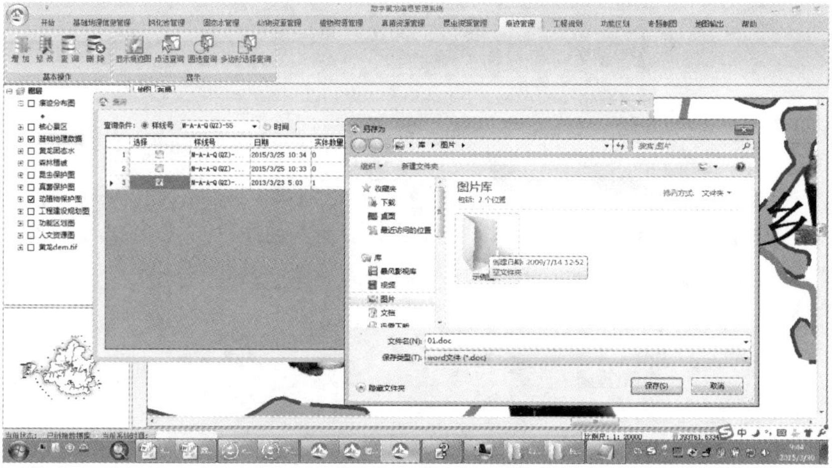

图 7-37 导出功能

7.2.10 工程规划模块

工程规划模块主要是对工程规划图的管理，包括设施的管理和基础设施的查询（图 7-38）。

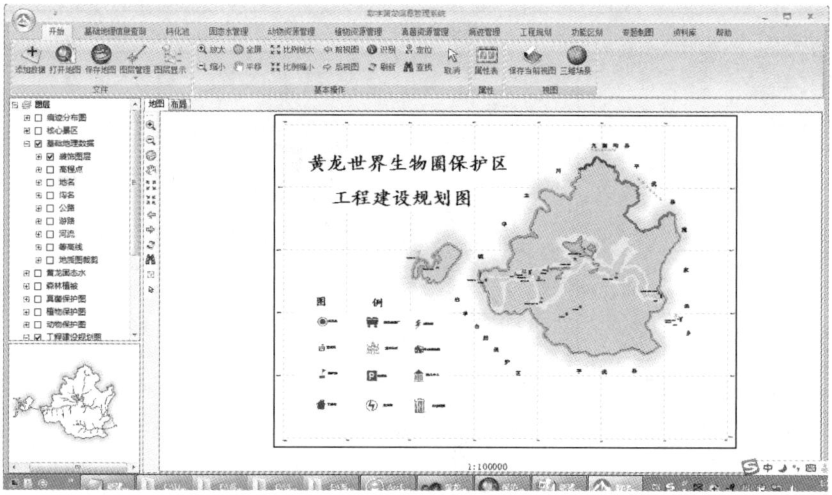

图 7-38 工程规划图

设施查询提供点选查询、线选查询和多边形查询，以及定位查询，如在设施名输入框中输入"停车场"，点击查询即可查询到工程规划图中停车场的位置信息（图 7-39）。

图 7-39 设施查询

基础设施查询：选择一个基础设施，即可定位到第一个设施点，点击"上一设施点""下一设施点"即可定位到其他设施点的位置（图 7-40）。

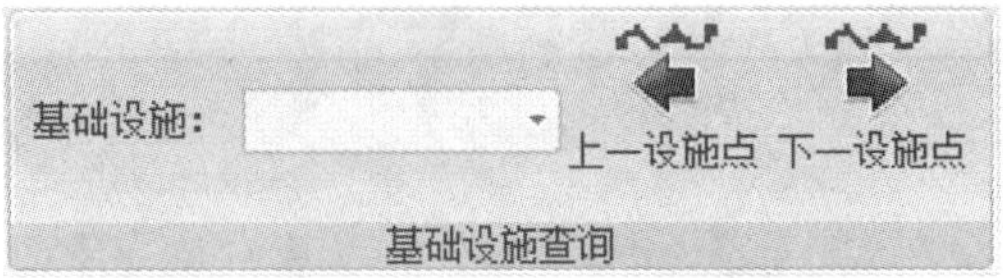

图 7-40 基础设施查询

7.2.11 功能区划模块

功能区划模块用于对功能区划图进行管理和查询（图 7-41）。

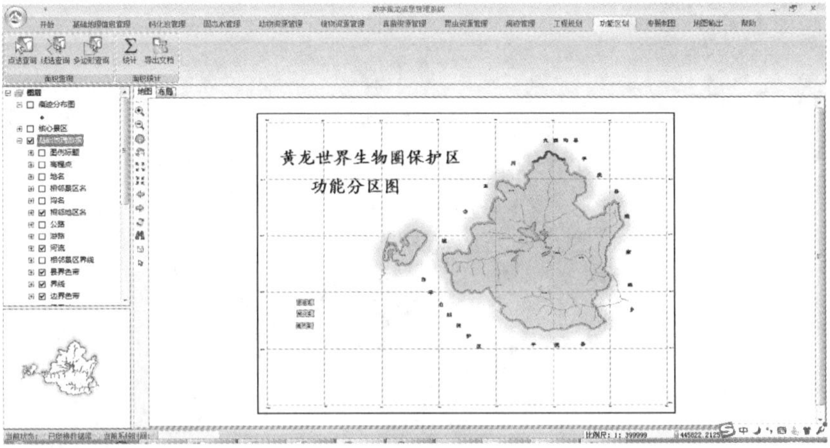

图 7-41 功能分区图

7.2.12 专题制图模块

专题制图模块用于制作各种专题图，如单值专题图、分级专题图、比例符号图、点密度图、柱状图（图 7-42）、饼状图（图 7-43）。

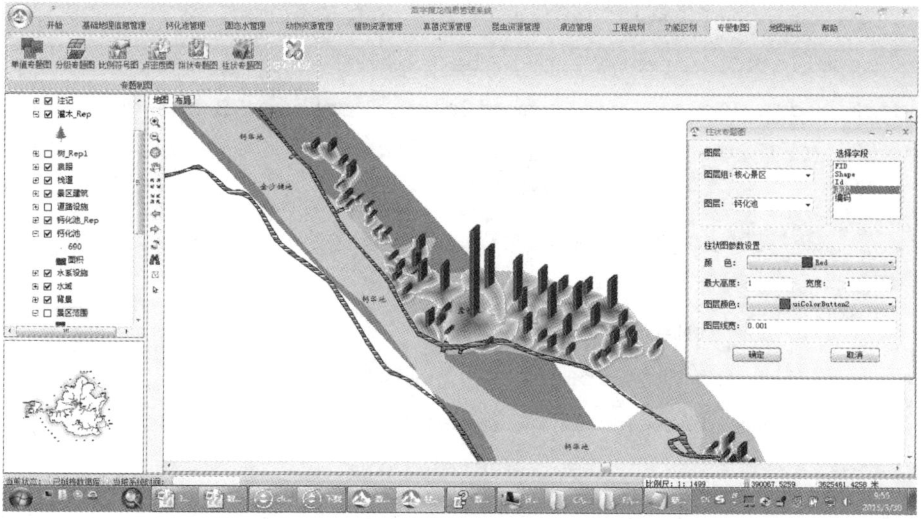

图 7-42　钙化池面积柱状图

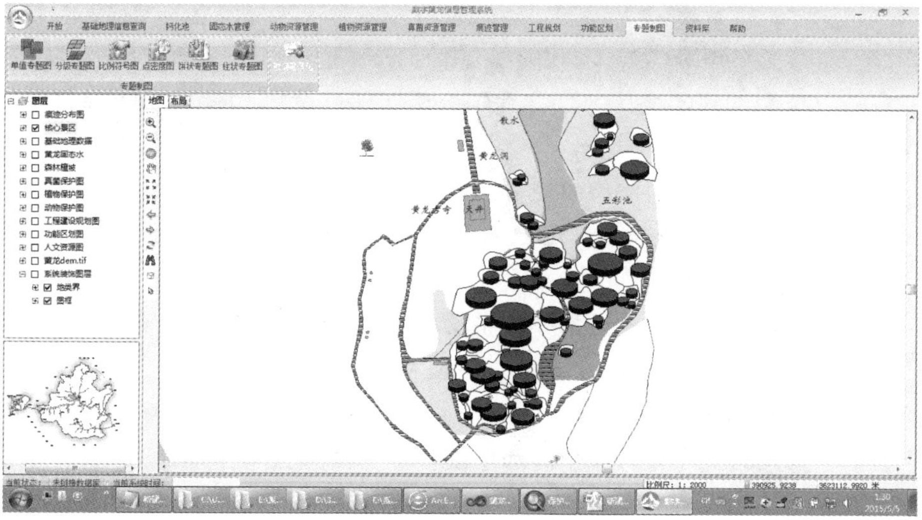

图 7-43　钙化池面积饼状图

部分关键代码如下：

```
///创建累计柱状图表(stacked)
    ///< /summary>
    ///< param name= " layerName" > Name< /param>
    ///< param name= " RenderField" > Fields< /param>
    ///< param name= " fillsymbolColor" > every Color< /param>
    ///< param name= " BarWidth" > width< /param>
```

```
///< param name= " BgColor" > BackGound Color< /param>
public void createStackedChartSymbol (string layerName, string
RenderField, IColor fillsymbolColor, double BarHeight, double
BarWith, IColor BgColor, double outLineWith)
    {
```

//获取当前图层，并把它设置成 IGeoFeatureLayer 的实例

```
// layerName= " 钙化池";
IFeatureLayer pFeatureLayer;
IGeoFeatureLayer pGeoFeatureLayer= GetChildLayerFromLa
yerName (layerName) as IGeoFeatureLayer;
pGeoFeatureLayer.ScaleSymbols= true;
pFeatureLayer= pGeoFeatureLayer as IFeatureLayer;
```

//获取图层上的 feature
```
IFeatureClass pFeatureClass= pFeatureLayer.FeatureClass;
```

//定义柱状图渲染组建对象
```
IChartRenderer pChartRenderer= new ChartRendererClass();
```

//定义渲染字段对象并给字段对象实例化为 pChartRenderer
```
IRendererFields pRendererFields;
pRendererFields= (IRendererFields)pChartRenderer;
```
//向渲染字段对象中添加字段- - - 待补充自定义添加面积
```
pRendererFields.AddField(RenderField, RenderField);
```

//通过查找 features 的所用字段的值，计算出数据字段的最大值，
作为设置柱状图的比例大小的依据
```
ITable pTable;
int fieldNumber;
pTable= pGeoFeatureLayer as ITable;
```
//查找出 geoFeatureLayer 的属性表中的字段个数
```
fieldNumber= pTable.FindField(RenderField);
if (fieldNumber= = - 1)
```

```
            {
                MessageBox.Show(" 字段出错"," Message", MessageBoxBu
        ttons.OK, MessageBoxIcon.Information);
            }

            const intnumFields= 1; //设置 bars 的个数
            int fieldIndecies ;
            //long fieldIndex;
            double maxValue;
            bool firstValue;
            //double[] fieldValue= new double[5];
            doublefieldValue;
            fieldIndecies= pTable.FindField(RenderField);

            firstValue= true;
            maxValue= 0;
            int n= pFeatureClass.FeatureCount(null);
            for (int i= 0; i< numFields; i+ + )
            {
                IFeatureCursor pFeatureCursor= pFeatureClass.Search
        (null, false);
                for (int j= 0; j< n; j+ + )
                {
                    IFeature pFeature= pFeatureCursor.NextFeature();
                    string strTemp= pFeature.get_ Value(fieldIndeci
        es).ToString();
                    if (ImageThumbnailDataGridView.Helper.IsNumberic
        (strTemp))
                    {
                        fieldValue= Convert.ToDouble(pFeature.get_
        Value(fieldIndecies));
                        if (firstValue)
                        {
                            //给 maxValue 赋初值
```

```
                    maxValue= fieldValue;
                    firstValue= false;
                }
                else if (fieldValue> maxValue)
                {
                    maxValue= fieldValue;
                }
            }
        }
    }

    if (maxValue< = 0)
    {
        MessageBox.Show(" 该字段数值出错!"," Message", Messa
geBox Buttons.OK, MessageBoxIcon.Information);
    }
    //定义并设置渲染时用的 chart marker symbol
    IBarChartSymbol pBarChartSymbol= new BarChartSymbolClass();
    pBarChartSymbol.Width= BarWith;
    IChartSymbol pChartSymbol;
    pChartSymbol= pBarChartSymbol as IChartSymbol;
    IMarkerSymbol pMarkerSymbol;
    pMarkerSymbol= (IMarkerSymbol)pBarChartSymbol;
    IFillSymbol pFillSymbol;

    //设置 pChartSymbol 的最大值
    pChartSymbol.MaxValue= maxValue;
    //设置 bars 的最大高度

    pMarkerSymbol.Size= BarHeight;
    //下面给每一个 bar 设置符号

    //定义柱状图符号
    ISymbolArray pSymbolArray= (ISymbolArray)pBarChartSymbol;
```

```
ILineSymbol pZhuOutLine= new SimpleLineSymbolClass();
// pZhuOutLine.Color= fillsymbolColor;
pZhuOutLine.Width= 0.001;
pFillSymbol= new SimpleFillSymbolClass();
pFillSymbol.Outline= pZhuOutLine;
pFillSymbol.Color= fillsymbolColor;
pSymbolArray.AddSymbol(pFillSymbol as ISymbol);

//设置背景符号

ILineSymbol pOutLine= new SimpleLineSymbolClass();
 pOutLine.Color = UniqueValueThemeMap.getRGB(uiColorButton1.
SelectedColor.R+ 100, uiColorButton1.SelectedColor.G, uiColor Button1.
SelectedColor.B);
pOutLine.Width= outLineWith;
IFillSymbol pBackFillSymbol= new SimpleFillSymbolClass();
pBackFillSymbol.Color= BgColor;
pBackFillSymbol.Outline= pOutLine;
pChartRenderer.UseOverposter= false;
pChartRenderer.BaseSymbol= pBackFillSymbol asISymbol ;
pChartRenderer.ChartSymbol= pChartSymbol as IChartSymbol;
pChartRenderer.CreateLegend();
//将柱状图渲染对象与渲染图层挂钩
pGeoFeatureLayer.Renderer= (IFeatureRenderer)pChartRenderer;
pGeoFeatureLayer.DisplayField= RenderField;
mainForm.axMapControl1.ActiveView.Refresh();
mainForm.axTOCControl1.Update();
}
```

7.2.13　资料库模块

资料库模块提供照片和视频的添加与管理。如点击"视频管理",可以对视频进行添加、删除。如图 7-44 所示。

图 7-44　视频管理

7.2.14　核心景区信息管理

如果只选取系统左侧图层中的核心景区，就自动生成了核心景区图（图 7-45）。

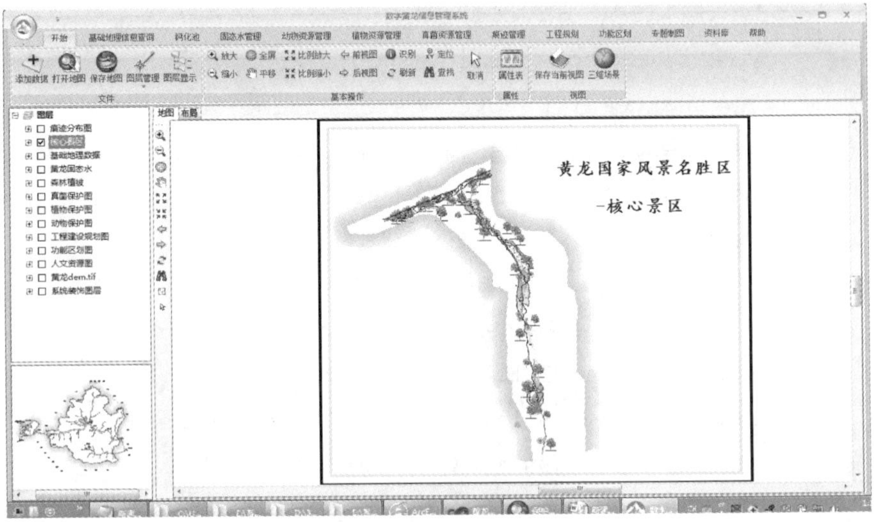

图 7-45　核心景区图

点选核心景区图层下的注记、泉眼、栈道、景区建筑、道路设施、钙化池、水域、装饰图层等细分图层，能实现核心景区信息的管理（图 7-46、图 7-47）。

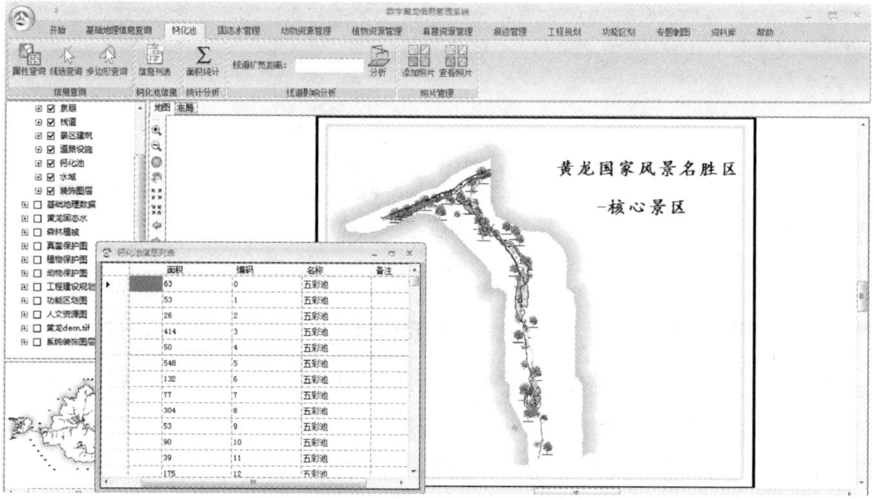

图 7-46　核心景区信息管理

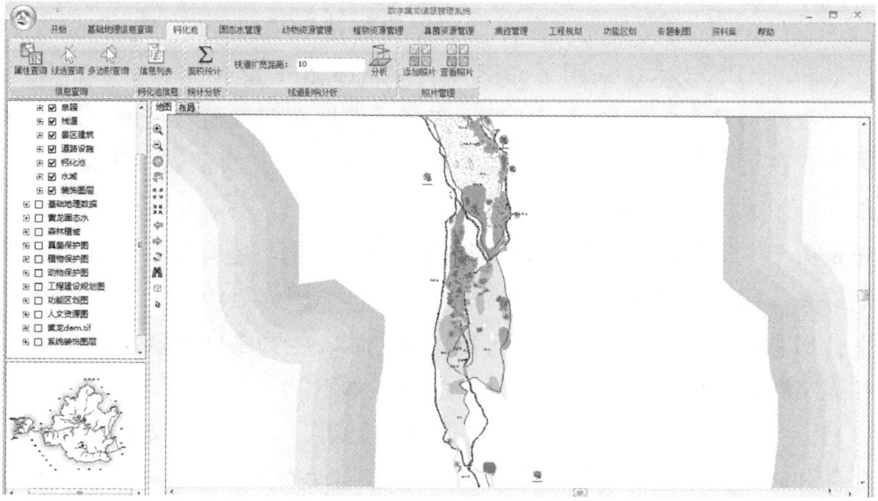

图 7-47　缓冲区分析

结　　语

　　"数字黄龙平台建设及生物多样性数据库构建"是"数字黄龙"的核心基础工程。在多项关键技术方面有实用化开发成果和一定特色，总体上达到了国内先进水平，具有很大的推广性。

　　"数字黄龙平台建设及生物多样性数据库构建"项目的实施对黄龙景区的信息化建设具有重要的应用价值，为黄龙景区提供了统一的基础空间定位平台，为"数字黄龙"建设奠定了坚实的基础。

　　"数字黄龙平台建设及生物多样性数据库构建"项目充分借鉴和吸收了当前国内外最新的 GIS 技术，采用了 GIS 组件 ArcEngine 及 Visual C♯. NET 开发模式，以数据引擎方式实现了空间数据和属性数据在关系型数据库中的一体化存储。另外，在可视化开发及遥感三维模型动态演示等方面都做了很多实用工作，这些都提升了系统的先进性。

　　正是由于"3S"技术的产业化、集成化和实用化，还有很多技术上的课题需要我们进一步研究。另外，由于开展进度和其他原因，目前第一期只能针对数字黄龙平台信息管理系统及黄龙水文、自然保护区、生物多样性和旅游设施等自然资源和人文数据库的建设。下一步开展的重点如下。

　　(1)针对黄龙景区开展多比例尺数据协同更新、多尺度框架数据集成、历史数据保存和时态数据组织、海量数据管理、多维动态空间数据库等方面的工作，为"智慧黄龙景区"建设奠定良好的基础。

　　(2)重点开展利用工作人员平时巡检中手机或相机拍摄的树叶、叶柄、花、果实、种子及树皮图像，电脑系统和手机自动识别该物种的信息化建设。

参 考 文 献

曹俊，郭建强. 2001. 松潘黄龙自然保护区第四纪冰期划分与古气候环境分析研究[J]. 四川地质学报，(3)：141-146.

曹俊，刘旗，郭建强. 2001. 松潘黄龙自然保护区地质灾害分布及预防治理措施[J]. 四川地质学报，(2)：103-106.

陈后华. 2011. 四川黄龙转花池温泉稀有气体分析[D]. 兰州：兰州大学.

陈建民，何平，邹新慧，等. 2003. 四川省黄龙自然保护区种子植物区系研究[J]. 武汉植物学研究，(1)：54-60.

陈菁. 2002. 基于GIS的福建省旅游信息系统研究[J]. 经济地理，22(1)：120-123.

陈军，刘万增，张剑清，等. 2008. GIS数据库更新模型与方法研究进展[J]. 地理信息世界，(3)：12-16，32.

陈平林，刘婷，祝炜平，等. 2013. LBS在景区游客管理中的应用研究[J]. 杭州师范大学学报（自然科学版），(5)：462-466，473.

陈泽民. 2005. GIS数据库与地图数据库关系辨析[J]. 现代测绘，(3)：3-6.

陈志方. 2016. 自然保护区生物多样性信息管理系统研建[D]. 郑州：郑州大学.

程方平. 2013. 我国近海浮游动物物种信息平台的构建及初步应用[D]. 青岛：中国科学院研究生院（海洋研究所）.

程建来. 2012. 基于语义网的异构生物数据集成研究[D]. 天津：天津大学.

崔跃生，张勇，曾春，等. 2013. 数据库物理结构优化技术[J]. 软件学报，(4)：761-780.

党安荣，张丹明，陈杨. 2011. 智慧景区的内涵与总体框架研究[J]. 中国园林，(9)：15-21.

党安荣，张丹明，马琦伟，等. 2016. 大数据时代的智慧景区管理与服务探讨[J]. 西部人居环境学刊，(4)：8-13.

邓贵平，邵振峰. 2011. 基于视频巡航的九寨沟智慧景区管理与服务[J]. 计算机工程与设计，(11)：3920-3924.

邓敏旋. 2016. 基于Google Earth数字景区平台的设计与开发[D]. 抚州：东华理工大学.

邓贤峰，李霞. 2012. "智慧景区"评价标准体系研究[J]. 电子政务，(9)：100-106.

方德满. 2016. 我国智慧景区发展研究[J]. 合作经济与科技，(4)：42-43.

冯志敏. 2008. 数字景区建设中三维虚拟景观生成方法的探讨[A]//中国气象学会. 中国气象学会2008年年会卫星遥感应用技术与处理方法分会场论文集[C]. 中国气象学会：5.

高祺. 2012. 谈森林遥感在二类森林资源调查中的应用[J]. 黑龙江科技信息，34：224.

高伟. 2015. 九寨沟智慧景区管理体系建设[J]. 科技创新导报，(20)：177-178.

葛军莲，顾小钧，龙毅. 2012. 基于利益相关者理论的智慧景区建设探析[J]. 生产力研究，(5)：183-

184，225.

郭冬莲. 2014. 多尺度生物过程信息集成与数据库管理[D]. 杭州：杭州电子科技大学.

郭威. 2011. 数字景区三维展示方法研究[D]. 武汉：湖北大学.

郭伟，贾云龙，邓丽芸. 2012. 我国智慧景区发展研究[J]. 中国集体经济，(25)：132-133.

何绍福，马剑，李春茂. 2001. 3S技术发展综述[J]. 三明高等专科学校学报，18(3)：50-54.

侯天文. 2010. 四川黄龙沟优势兰科植物菌根真菌多样性研究[D]. 北京：北京林业大学.

胡杰，胡锦矗，屈植彪，等. 2000a. 黄龙大熊猫对华西箭竹选择与利用的研究[J]. 动物学研究，
   (1)：48-52.

胡杰，胡锦矗，屈植彪，等. 2000b. 黄龙大熊猫种群数量及年龄结构调查[J]. 动物学研究，
   (4)：287-290.

胡杰，李艳红，胡锦矗. 2001. 黄龙寺自然保护区兽类资源的初步调查[J]. 四川动物，(3)：128-132.

胡青，徐建华，王志海. 2008. GIS数据库中地址自动匹配方法研究[J]. 测绘与空间地理信息，
   (6)：50-52.

胡云. 2004. 我国旅游业的信息化建设与发展[J]. 城市问题，(2)：51-52.

黄婧. 2015. 武汉"智慧旅游"背景下的生态旅游景区建设模式研究[J]. 特区经济，(9)：144-146.

江丕文，黄新，余斌. 2009. 城市三维数字景区建模的研究与实现[J]. 地理空间信息，(6)：6-9.

金波. 2014. 浅谈智慧景区标准化建设[J]. 中国标准化，(3)：96-99.

金准，廖斌. 2015. 我国智慧景区的变革与创新[J]. 北京第二外国语学院学报，(1)：73-83.

李宏，吴东亮，吴乾隆，等. 2011. 数字景区研究现状与问题探讨[J]. 首都师范大学学报(自然科学版)，
   (5)：39-45.

李洪波，李燕燕. 2009. 武夷山自然保护区生态旅游系统能值分析[J]. 生态学报，11：5869-5876.

李洪鹏，高蕴华，赵旭伟. 2011. 数字景区转型智慧景区的探索[J]. 智能建筑与城市信息，(7)：
   112-113.

李华. 2009. 近十年国外生态旅游研究状况分析[J]. 世界地理研究，(2)：111-120.

李前银，范崇荣. 2009. 黄龙景区水循环系统与景观演化研究[J]. 水文地质工程地质，(1)：108-112.

李仁杰，路紫. 2009. 国内生态旅游与区域可持续发展关系研究[J]. 地理科学进展，(1)：139-146.

梁倩，张宏梅. 2013. 智慧景区发展状况研究综述[J]. 西安石油大学学报(社会科学版)，(5)：52-56.

梁焱. 2011. 基于云计算的智慧黄山景区数据基础设施规划方案[J]. 中国园林，(9)：26-29.

林艳，刘万增，韩刚. 2012. 基态修正的GIS数据库增量更新建模[J]. 测绘科学，(4)：199-201.

林子雨，赖永炫，林琛，等. 2012. 云数据库研究[J]. 软件学报，(5)：1148-1166.

刘传山. 2009. 数字景区三维建模关键技术研究[D]. 青岛：山东科技大学.

刘惠明，尹爱国，苏志尧. 2002. 3S技术及其在生态学研究中的应用[J]. 生态科学，(1)：82-85.

刘磊，张莹，刘益平. 2004. 黄龙寺自然保护区丹云峡景区周边社区居民经济发展项目调查[J]. 四川农
   业大学学报，(S1)：97-100.

罗平，黄耀丽，何素芳. 2001. 基于GIS和多媒体集成的旅游信息系统开发与实践[J]. 测绘通报，
   (12)：25-27.

马荣华，马晓冬，蒲英霞. 2005. 从GIS数据库中挖掘空间关联规则研究[J]. 遥感学报，(6)：733-741.

莫洪源，蔡建民，刘广. 2013. 以共享平台为支撑的智慧景区建设[J]. 测绘与空间地理信息，(S1)：
   98-102，108.

聂辉华，江艇，杨汝岱. 2012. 中国工业企业数据库的使用现状和潜在问题[J]. 世界经济，(5)：

142-158.

欧新菊. 2012. 基于旅游文化的数字景区形象艺术设计——以河北祖山风景名胜区为例[J]. 大舞台, (5)：155-156.

庞学勇，包维楷，江元明，等. 2009. 九寨沟和黄龙自然保护区原始林与次生林土壤物理性质比较[J]. 应用与环境生物学报，(6)：768-773.

彭启轩. 2015. 黄龙景区环境信息系统构建及应用[D]. 绵阳：西南科技大学.

强建华. 2007. 基于RS技术的黄龙山林区天然林资源时空变化研究[D]. 杨凌：西北农林科技大学.

桥国立. 2014. 基于GIS的山地景观生态综合评价研究[D]. 北京：中国地质大学.

冉建华. 2009. 面向服务架构在数字景区管理中应用的探讨[J]. 铁路计算机应用，(9)：41-43.

冉小波. 2009. 四川高校图书馆自建特色数据库调查分析[J]. 图书馆学研究，10：40-44.

阮见，刘波，李大军，等. 2009. 基于GIS的庐山旅游信息系统的设计与开发[J]. 测绘科学，34 (6)：298-299.

邵振峰，章小平，马军，等. 2010. 基于物联网的九寨沟智慧景区管理[J]. 地理信息世界，(5)：12-16，28.

沈志宏，张晓林，黎建辉. 2012. OpenCSDB：关联数据在科学数据库中的应用研究[J]. 中国图书馆学报，(5)：17-26.

史纪安. 2006. 江河源区生态环境质量评价及数据库研建[D]. 杨凌：西北农林科技大学.

万红生. 2013. 建设"数字景区"加快景区信息化发展[A]∥中国通信学会无线及移动通信委员会. 2013全国无线及移动通信学术大会论文集(下)[C]. 中国通信学会无线及移动通信委员会：5.

汪侠，甄峰，吴小根. 2015. 基于游客视角的智慧景区评价体系及实证分析——以南京夫子庙秦淮风光带为例[J]. 地理科学进展，(4)：448-456.

汪永晨. 2002. 人间"瑶池"黄龙自然保护区[J]. 森林与人类，(1)：16-19.

王继兴，赖慧武，刘达成. 2003. 八达岭森林旅游规划与管理信息系统[J]. 北京林业大学学报，25：19-23.

王嘉芃. 2016. 西溪湿地生态监测数据库系统的设计及初步应用研究[D]. 杭州：杭州师范大学.

王江江，王永乐. 2009. 新疆旅游地理信息系统设计与应用[J]. 测绘科学，(34)：186-188.

王江涛，赖文豫，孟小峰. 2013. 闪存数据库：现状、技术与展望[J]. 计算机学报，(8)：1549-1567.

王立龙，陆林. 2009. 湿地生态旅游研究进展[J]. 应用生态学报，(6)：1517-1524.

王妮. 2012. 基于3S技术的森林资源变化动态监测[D]. 南京：南京林业大学.

王守成，郭风华，傅学庆，等. 2014. 基于自发地理信息的旅游地景观关注度研究——以九寨沟为例[J]. 旅游学刊，(2)：84-92.

王振中. 2005. "3S"技术集成及其在土地管理中的应用[J]. 测绘科学，(4)：62-64，6.

韦欣仪，王强. 2015. 九寨沟景区智慧化对其门票价格成本的影响[J]. 贵州民族研究，(5)：161-164.

魏来. 2008. 旅游景区数字化建设研究[D]. 昆明：昆明理工大学.

翁秋妹，陈章旺. 2014. 智慧景区服务创新研究——以福州三坊七巷为例[J]. 北京第二外国语学院学报，(5)：49-55.

吴浩宇. 2013. 基于Hadoop的同源性搜索GO功能注释平台的研究[D]. 南京：南京农业大学.

吴火和. 2006. 森林生物多样性资产价值评估研究[D]. 福州：福建农林大学.

吴乾隆. 2011. 数字城市公园研究[D]. 北京：首都师范大学.

吴乾隆，李宏，吴东亮. 2011. 数字景区建设中的业务流程再造研究[J]. 首都师范大学学报(自然科学版)，(4)：67-72.

肖红. 2004. 数字技术加大保护力度 电子园林提升服务质量 九寨沟领秀"数字景区"[J]. 建设科技, (22): 56.

徐锡珍, 苗放. 2011. LBS 在数字景区中的应用设计[J]. 成都大学学报(自然科学版), (2): 142-144, 154.

颜敏. 2014. 基于物联网的南京智慧景区建设研究[J]. 江苏第二师范学院学报, (8): 5-8.

杨俊义. 2004. 九寨沟黄龙地区景观钙华的特征与成因探讨[D]. 成都: 成都理工大学.

于涌鲲. 2003. 四川省平武县大熊猫保护对策初步研究[D]. 北京: 中国林业科学研究院.

曾文英, 王明文. 2003. 3S 技术的发展、现状及其趋势综述[J]. 新余高专学报, 2(8): 16-24.

张超. 2016. 基于"3S"技术的大熊猫潜在栖息地研究[D]. 成都: 成都理工大学.

张菲菲. 2015. 黄果树智慧景区建设研究[D]. 重庆: 西南大学.

张金流, 王海静, 董立, 等. 2012. 世界遗产——四川黄龙钙华景观退化现象、原因及保护对策分析[J]. 地球学报, (1): 111-120.

张津京. 2007. 九寨沟领秀"数字景区"[J]. 互联网天地, (2): 58-59.

张守信. 1996. GPS 卫星测定定位理论与应用[M]. 长沙: 国防科技出版社.

张小斌. 2007. 基于数字化的生物分类鉴定及知识集成研究[D]. 杭州: 浙江大学.

张雁, 谭伟, 冯仲科. 2005. 广义 3S 技术在林业上的应用现状与发展趋势[J]. 北京林业大学学报, (S2): 213-217.

张志锋. 2004. 基于 3S 技术的湿地生态环境质量评价——以野鸭湖湿地为例[D]. 北京: 首都师范大学.

章其祥. 2003. 基于 3S 技术的土地利用变更调查及变更调查信息系统研究[D]. 南京: 南京师范大学.

郑桂灵, 李鹏. 2009. 四川黄龙杓兰属植物资源及繁育系统研究[J]. 安徽农业科学, (12): 5468-5469, 5483.

郑桂灵, 李鹏, 台永东, 等. 2010. 杓兰属植物的开花和结实动态[J]. 生态学报, (12): 3182-3187.

郑燕华. 2014. 海洋旅游数字景区建设策略——以舟山海洋数字景区为例[J]. 企业经济, (3): 138-141.

郑颖尔, 黄骞, 蔡建民, 等. 2014. 智慧颐和园建设与智慧景区模式研究[J]. 中国信息界, (12): 72-78.

周彬, 钟林生, 陈田, 等. 2014. 基于生态位的黑龙江省中俄界江生态旅游潜力评价[J]. 资源科学, (6): 1142-1151.

周昕薇, 宫辉力, 赵文吉, 等. 2006. 北京旅游信息系统的设计与实现[J]. 测绘通报, (5): 53-56.

朱红艳, 曾涛, 刘洋, 等. 2010. 四川黄龙自然保护区兽类资源调查[J]. 四川林业科技, (5): 83-87, 72.

朱庆, 李晓明, 张叶廷, 等. 2011. 一种高效的三维 GIS 数据库引擎设计与实现[J]. 武汉大学学报(信息科学版), (2): 127-132, 139.